中国历史

曹大为 孙燕京 著

五洲传播出版社

图书在版编目（CIP）数据

中国历史/曹大为，孙燕京著.--2版.--北京：五洲传播出版社，2017.11
ISBN 978-7-5085-3865-5
Ⅰ.①中… Ⅱ.①曹… ②孙… Ⅲ.①中国历史 Ⅳ.①K2K20
中国版本图书馆CIP数据核字(2017)第289174号

中国历史

著　　者 /	曹大为　孙燕京
出 版 人 /	荆孝敏
责任编辑 /	苏　谦
装帧设计 /	田　林　傅晓斌
制　　作 /	北京原色印象文化艺术中心
图片提供 /	Fotoe　CFP　东方IC
出版发行 /	五洲传播出版社
地　　址 /	北京市海淀区北三环中路31号生产力大楼B座6层
邮　　编 /	100088
发行电话 /	010-82005972，010-82007837
网　　址 /	www.cicc.org.cn，thatsbooks.com
承 印 者 /	北京圣彩虹科技有限公司
版　　次 /	2018年1月第2版第2次印刷
开　　本 /	710×1000mm　1/16
印　　张 /	11
字　　数 /	130千字
定　　价 /	48.00元

出版前言

中国的改革开放及其所创造的经济奇迹，使中国综合国力显著提升，国际影响日益扩大。"中国热"在世界各地方兴未艾，外国朋友了解和认识中国的愿望越来越强烈。为帮助那些热切渴望了解中国的外国朋友找到捷径，在短时间内能对中国的基本情况有所了解和掌握，我们组织有关专家学者撰写了"中国丛书"。

"中国丛书"共计12册，分别介绍中国的地理、历史、政治、经济、文化、法律、外交、国防、社会、科技与教育、环境、民族与宗教，可谓中国的一些基本情况。了解这些，是读懂中国的初步和入门。

我们希望，读者朋友通过"中国丛书"，对中国的各方面情况能有一个大致的了解。首先，认识中国的历史与文化。历史与文化是一国文明的根基和载体。作为人类文明的一种重要形态，中华文明独树一帜并传承至今。中华文化底蕴深厚，历来为世人推崇。其次，了解中国的基本国情。中国是世界上最大的发展中国家，人口多、底子薄、发展不平衡。中国从自己的国情出发，坚持走自己的路，坚持可持续发展，同时吸收人类文明成果。最后，知晓中国的未来发展路向。在中国共产党的领导下，中国坚持以经济建设为中心，坚持改革开放，对内建设和谐社会，对外推动建设持久和平、共同繁荣的和谐世界。

我们期待着"中国丛书"帮助朋友们开始一次崭新的"发现中国之旅"。

目 录

1 前 言

5 中华文明的起源

15 夏商西周：早期国家与青铜文明

25 春秋战国：诸侯争霸与社会转型

41 秦汉：大一统国家的建立和发展

59 魏晋南北朝：政权分立与民族汇聚

73 隋唐：繁荣与开放的盛世

93 宋元：多元文化碰撞交融与社会文明高度发展

115 明清（鸦片战争前）：农耕文明的繁盛与近代前夜的危机

145 近代中国的衰落与抗争

155 共和国探求社会主义现代化的进程

前　言

中国是世界上起源最早的文明古国之一，中华文明是世界上唯一没有中断的古老文明。

当代中国的国土面积位居世界第三，近代之前一直是疆域最为辽阔的世界大国。在相当长的历史年代，中国的人口保持在世界总人口的三分之一左右。

中华先民分布的东亚大陆大部分处于北温带，孕育了以农业为主体的经济形态。上古时代在相对稳定的农耕环境下跨入文明门槛，氏族首领直接转化为集诸权于一身的统治阶级新贵。血缘纽带与国家行政系统熔铸一体，凝为社会深层结构，形成内倾、人伦、群体、集权导向。

与欧洲盛行的奴隶制以及封建庄园农奴制粗放耕作方式不同，中国古代在黄河和长江流域发展起以铁器、牛耕为代表的精耕细作型生产模式，形成人身依附关系相对松弛的个体农耕经济，以及土地私有制和租佃制契约关系。

建立在个体自然经济基础上的中央集权制度，高度集权而又层叠有序，通过科举选官提供的职业官僚和畅达、迅捷的通讯运输网络，富有成效地对辽阔疆域众多人口实施统辖管理。

使用统一文字以及占据主流地位的儒家思想的长期熏陶，对于加强各地区对中华文明的归属与认同，对于提高社会凝聚力和促进国家统一发挥了深远的影响。

中华大地与西方文明中心隔着高山、沙漠、海洋，距离遥远，形成相对独立的地理单元。在这拥有充分回旋余地的广阔空间中，既有适合农耕的大片沃壤，又有宜于放牧和渔盐商贸的草原、沿海等多种环境。这种差异性、多样性的生存环境，有利于社会交往与多元互补。

中国古代凭借先进的生产力、生产方式和大一统整体优势，创造了以四大发明为标志的光辉灿烂的古代文明，长期处于世界领先地位。

明清时期，世界历史发展格局发生了重大变化。欧洲主要国家相继进入工业文明轨道。资本主义的迅猛发展将全世界卷入商品流通的巨潮之中，西方列强纷纷越洋抢滩，建立殖民统治。中华帝国虽然在农耕文明轨道上发展到了一个新的高峰，并萌发出一些近代化因素，但清前期诸帝对这一历史性大变动毫无认识，专制皇权极度膨胀，愚昧自大、闭关锁国，顽固推行强化农耕体制的"重本抑末"举措，致使一些工业文明因素某种程度萎缩乃至断流，中国与西方列强力量对比陡然发生天翻地覆的逆转，迅速在世界工业文明潮流中陨落。

1840年鸦片战争的炮火中断了中国社会独立发展的进程，此后60多年间，中国不断遭到列强侵略与欺凌，被迫签订了一系列割地赔款、丧权辱国的不平等条约，一步步陷入殖民地半殖民地的深渊。

帝国主义列强的侵略给中国人民带来深重苦难，同时促使传统的自然经济解体，有限制地发展资本主义，产生了民族资产阶级和无产阶级，并使农民破产成为广大的半无产阶级。

在鸦片战争后一个多世纪的近代化进程中，中国人民通过反对帝国主义、封建主义和官僚资本主义的斗争，不断推进民族工业的发展。1911年孙中山领导的辛亥革命推翻了清皇朝专制统治，民主共和观念逐步深入人心。继而中国共产党领导的新民主主义革命，又赋予资产阶级性质的革命以社会主义的前途，取得民族独立和人民解放的伟大胜利。

1949年10月1日中华人民共和国成立，开辟了走向社会主义现代化的历史新纪元。在历经曲折和反复探索之后，终于确立有中国特色社会主义改革开放之路。政治上加强民主法制建设，经济上建立社会主义市场经济体制，积极参与国际竞争与合作，为实现可持续发展和建设富强、民主、文明、和谐社会而努力奋斗。

中国古代即曾开辟丝绸之路，对促进中外交流发挥了重要作用。三大发明传入西方，成为预告资产阶级社会到来的强大杠杆。而近现代的西学东渐和马克思主义的传播，同样对中国历史的发展产生重大影响。今天，中华民族更以"面向现代化，面向世界，面向未来"的崭新姿态，融入全球化大潮，为维护世界和平与稳定、共同创造人类更加美好的未来作出应有的贡献。

本书将简要勾画中华文明渊源流变的轨迹和独特发展路径，展现中华文明的风采和特点，并对如此疆域辽阔、人口众多的文明古国何以历经数千年兴衰起伏而绵延不绝、至今焕发着蓬勃生机作出诠释。

中华文明的起源

远古先民与原始聚落

中国是目前世界上发现原始人类遗址最多的国家,不但保存人类起源资料最为丰富,而且各进化阶段相对完整,没有重大缺环。

在距今约200万年至25万年前的旧石器时代早期,远古先民即已星罗棋布地分布在今云南、四川、山西、陕西、河南、河北、江苏、安徽、湖北、贵州、内蒙古、辽宁、北京的辽阔大地上。各地发现的距今4万至1万年前的旧石器时代晚期文化遗址更达数百处之多。

从元谋人、北京人到山顶洞人的演进过程,大体勾画出了中华大地早期人类进化的轮廓。

距今约170万年的元谋人因发现于云南元谋而得名。在

中国原始人类主要遗址分布图

这里出土了两颗远古人类牙齿化石和一些经人力加工过的石器,并在相关黏土层中发现许多炭屑和烧骨。元谋人是目前中国境内所确定的最早人类。

北京周口店龙骨山洞穴猿人遗址,文化堆积层厚达 40 多米。经考古探明,自 70 万年前起,"北京人"开始生活在周口店一带,持续约 50 万年之久。这里出土了 17000 多件用于采集和狩猎的砍砸器、刮削器和尖状器等打制石器。6 米厚的灰烬层则是北京人持续保存和使用天然火的遗迹,表明他们已经用火烧烤食物、照明、御寒和驱赶猛兽,掌握了控制和管理火的技术。这种制造和使用工具的劳动技能,是"人猿相揖别"的重要标志。

北京人头部复原像

火的使用和熟食,促进了原始人类体质的发展和脑的进化。北京人还保留着一些猿的体质特征,但已能直立行走,脑容量远远高于猿类,相当于现代人的 76%。

在龙骨山顶部洞穴中,还发现了距今约 1.8 万年的"山

山顶洞人头部复原像

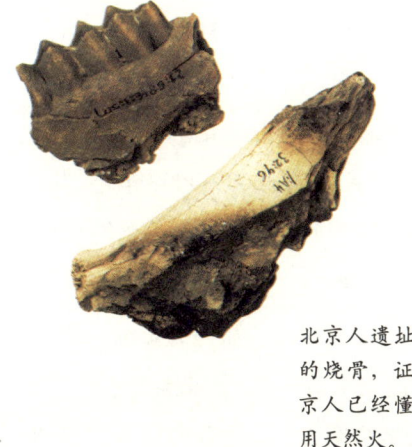

北京人遗址出土的烧骨,证明北京人已经懂得使用天然火。

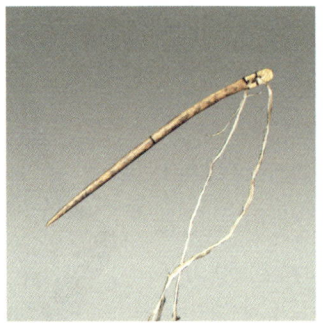
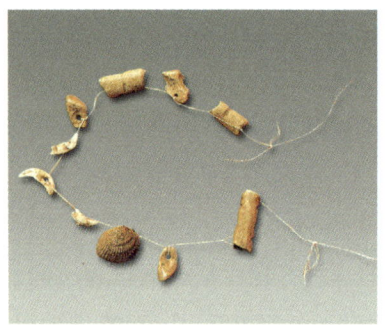

山顶洞人制作的骨针和装饰品

顶洞人"遗址。除了三具人头骨和部分骨架化石外,这里还出土了经刮削、磨制、钻孔而成的骨针,以及穿孔石珠、海蚶壳、兽牙等装饰品。由此推断,山顶洞人已掌握钻木取火的技术。人工取火被视为人类历史的开端。山顶洞人的脑容量大体与现代人相等,体质和面貌与现代人已没有多大区别。

距今1万年左右,中华先民进入新石器时代。距今约7000年前后,大部分地区发展到新石器时代繁荣阶段。现已发现的7000多处新石器时代文化遗址,呈现出以黄河流域、长江流域为主的"满天星斗"的布局。其中前期遗址以仰韶文化(距今约7000—5000年)的半坡聚落和河姆渡文化(距今约7000—5300年)的河姆渡聚落最有代表性,晚期最典型的是龙山文化遗址(距今约4500—4000年)。

黄河流域的半坡聚落位于陕西西安半坡村,距今约6000多年,现存遗址约5万平方米。半坡人居住的房屋多半是用木柱、树枝、草泥建造的半地穴式房屋。屋内有做饭、照明和取暖用的灶炕。半坡遗址出土了200多个贮藏食物和生产、生活用具的窖穴,并发现大量绘有人、动物和几何花纹等图

新石器时代石磨盘、石磨棒,河南新郑县裴李岗出土。

案的彩陶。

河姆渡聚落位于浙江余姚河姆渡村，距今约 7000 年，是长江流域氏族聚落的代表。河姆渡先民创造的干栏式建筑几千年来一直是江南地区的主要建筑形式。

以半坡和河姆渡聚落为代表的新石器时代，先民已普遍使用石斧、石铲、石锄、石刀、石磨盘等磨制石器，种植粟、稻、白菜或芥菜等农作物，并饲养猪、犬、牛、羊、鸡等家畜。

仰韶文化西安半坡、临潼姜寨等遗址都在中心地区筑有公共活动场所，四周是居住的小房屋，居住区旁有烧制陶器的窑场，村落周围修建了用于防护的壕沟，村落外有公共墓地。红山文化（距今约 6500—5000 年）牛河梁遗址还筑有女神庙和大型祭坛。这些遗址表明，当时已出现以对偶家庭为细胞、按血缘关系组成的社会群体——氏族，若干氏族组成部落。

浙江余姚河姆渡文化遗址出土的水稻

河姆渡文化猪纹黑陶钵，浙江余姚河姆渡出土。

红山文化泥塑女神头像，辽宁牛河梁出土。

辽宁牛河梁红山文化遗址祭坛

从采集、渔猎进化到可以稳定、持续发展的原始农业和家畜饲养业,并由此开始定居,建立氏族社会组织,这种生产力迅速发展和生产方式、社会结构的深刻变革,推动中华先民跨入文化飞跃、人才辈起、发明迭出的"英雄时代"。

传说时代的文明曙光

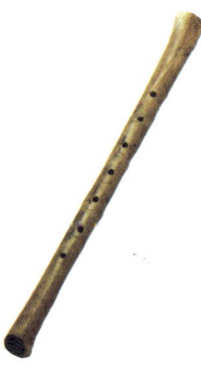

新石器时代骨笛,河南舞阳县贾湖出土。

公元前3000多年,西亚的两河流域和非洲的埃及率先进入文明时代。中华大地的黄河流域和长江中下游等地区也呈现出文明的曙光。

远古时代的历史主要通过神话与传说世代口耳相传,后来的文献将这些先民的历史记忆记录下来,保留下很多远古人类活动的史影。

黄帝和炎帝正是古史传说中距今四五千年前黄河流域"英

雄时代"的部落联盟首领。后人在追述祖先历史时，将新石器时代以来的重大发明创造都层累迭加、集中附会在他们的名下。

相传炎帝教人农耕，尝遍百草，发明医药，是中华原始农业和医药学的创始人，号称"神农氏"。他还发明陶器，开辟集市，使人们"聚天下之货"，互通有无。黄帝则教人缝制衣服、建造宫室房屋，又发明弓箭，驾车乘马，制造车船，号称"轩辕氏"。他还让下属官员发明文字、历法、算术和音乐。黄帝的元妃嫘祖首创植桑养蚕、抽丝织锦之术。

距今约8000—4000年新石器时代存留下的墓葬与文物，为这些传说的真实性提供了证据。山西夏县出土的蚕茧壳和纺轮，证明当时人们已懂得养蚕、纺织；半坡遗址出土的船形彩陶壶，印证已能造船；半坡等地发现的刻画符号，说明出现了文字的萌芽；河南舞阳出土的距今8000年前的七孔骨笛，至少具备六声音阶，印证这一时期已出现原始音乐。此外，半坡出土底部开孔的陶甑，表明已能利用蒸汽蒸熟食物；

仰韶文化船形彩陶壶，陕西宝鸡北首岭出土。

左图：新石器时代人面鱼纹彩陶盆，陕西半坡遗址出土。

右图：新石器时代人形彩陶瓶，甘肃秦安大地湾出土。

轩辕黄帝像(摹自山东嘉祥武氏祠汉画像石)

马家窑遗址出土的尖底小口流线型陶瓶，汲水时上半部前倾，水满后又自动直立，意味已能利用浮力与重心平衡原理；房屋排列和陶器纹饰显示已能排出等差数列，设计对称图案；河南舞阳出土陶器上所刻Ⅰ、Ⅱ、Ⅲ、Ⅲ、Ⅹ、Λ、十、八等数字符号，与后来甲骨文的一、二、三、四、五、六、七、八等字相同；有些骨笛上有钻圆孔时留下的二等分平均线，表明已能精确测算。

这一系列发明创造，是中华先民迈向文明时代的重要元素。许多现代文明的重大成就，都能从中探溯到胚胎和蓓蕾。黄帝和炎帝因此被尊为中华民族的人文始祖。

起源于中国西北地区的黄帝、炎帝两部族不断沿黄河向东方扩展，他们结成联盟，通过涿鹿之战打败黄河下游的蚩尤部落。此后黄帝又在与炎帝争夺中原的阪泉大战中获胜，逐步实现炎黄诸部与蚩尤等部的统合，形成后来华夏民族的主体。

在距今约6000年前的河南濮阳墓葬中发现了用蚌壳堆塑的由多种动物形象复合而成的混血的"龙"，这一形象是众多部落图腾的融合体，反映了众多部落从战争走向联合，进而构成华夏族主体的历程。

距今4000多年前的新石器时代晚期，生产力迅速提高。甘肃、青海等地出土的铜器表明，当时已进入"铜石并用"时代。在这一时期的墓葬中，有的随葬品如陶器、玉器等多达100多件，有的只有一两件，甚至一无所有。在大汶口文化晚期和龙山文化遗址中还出现了用人牲为房屋奠基和用人殉葬的情况。这表明，随着生产发展，开始出现私有财产、贫富分

> 中华文明的起源

化和阶级对立的萌芽。

古史传说中和这一时代相对应的英雄人物是尧、舜、禹。他们是炎帝、黄帝之后黄河流域部落联盟的著名首领。尧、舜时期洪水泛滥，禹临危受命，率领民众，历时13年，凿山排水，"疏三江五湖，注之东海"，终于化险为夷，使人民安居乐业。他还率先民开沟挖渠，引水灌溉，化水害为水利，促进中原地区生产迅速发展，并将势力扩展到江淮流域。

禹领导民众大规模治水的伟业，促进社会组织与管理机构发育成长，推动国家机器和中华文明诞生。据《史记·夏本纪》等史书追述，禹"开九州，通九道，陂九泽，度九山"，铲除障碍，冲破部落血缘疆界，有利于各部族凝聚成统一的社会共同体。禹还依据各地山川物产特点指导生产，令各邦纳贡，并调剂各地粮食，使各邦之间丰歉互补。禹的非凡能力和巨

位于陕西黄陵县的黄帝陵，历代炎黄子孙都在此地祭奠轩辕黄帝。

河南濮阳墓葬中出土的由蚌壳摆塑而成的"龙"，被誉为"中华第一龙"。

中华第一龙
The first dragon in China

开封禹王台大禹治水石刻画

大成就,使他树立起号令天下的权威。禹主持的部族会盟声势浩大,史籍中以"执玉帛者万国"来描绘其盛况。

总体而言,中华文明是世界上独立起源的文明之一,演进轨迹清晰,呈现出多元发展而又以中原为核心,互相渗透、融聚一体的特点。

▶ 资料链接

中国原始农业的特点

从世界范围看,农业起源中心主要有三个:西亚、中南美洲和东亚。东亚起源中心主要是中国。中国农业起源可追溯到距今1万年左右,到了距今七八千年,原始农业已经相当发达了。

与世界其他地区的农业比较,中国原始农业具有鲜明的特点。在种植业方面,中国很早就形成北方以粟黍为主、南方以水稻为主的格局,不同于西亚以种植小麦、大麦为主,也不同于中南美洲以种植马铃薯、玉米为主。在畜养业方面,中国最早饲养的家畜是狗、猪、鸡和水牛,以后增至所谓"六畜"(马、牛、羊、猪、狗、鸡),而西亚以饲养绵羊和山羊为主,中南美洲仅饲养羊驼。

夏商西周：
早期国家与青铜文明

国家的产生与夏商周三朝更迭

夏、商、西周三代是中国早期国家形成与发展的重要时期。

大约在公元前2070年，禹建立起中国历史上第一个王朝——夏朝。

禹把全国按地域划分为"九州"，定都阳城（今河南登封），行政区划包括今河南、河北、山西、山东、陕西、江苏、浙江、安徽、湖北等地。禹还集天下之铜，铸造了九个巨大的鼎，作为最高统治权力的象征。

夏朝不但筑有以城墙和护城河作为防护的宫殿、城市，还设立分掌不同事务的管理机构，中央官吏为"六卿"，"庖正"、"牧正"和"九州之伯"等为各级地方官吏。此外还定贡赋，组建军队，制定礼制、刑法，设置监狱。夏朝已兼备国家统治的各项职能。

本来尧、舜、禹之间的权力交接，都是通过部落联盟推举的方式和平禅让，带有原始民主的色彩。禹利用自己的权威，

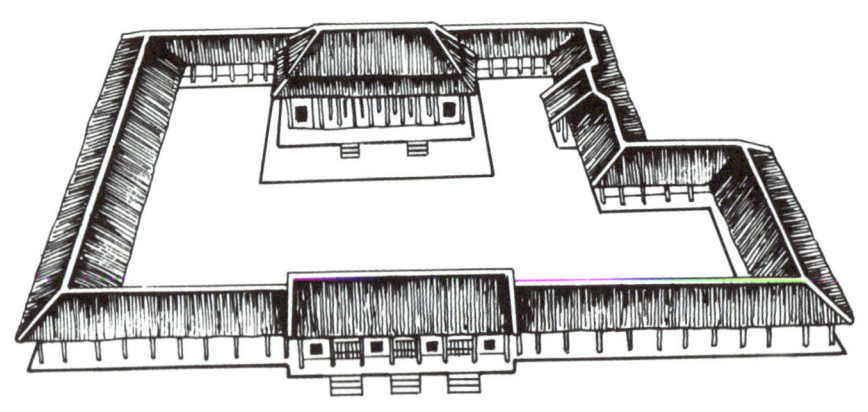

二里头宫殿复原图

扶植儿子启的势力，使启得以攻杀接替禹位的东夷族首领益，并征服其他不服从自己的部落。从此"家天下"的王位世袭制取代禅让制，为中国历代王朝所沿袭。

历史文献中有关夏朝的记载不多，不过考古发掘成果弥补了史书之不足，为人们展现出夏文明的风貌。

河南偃师二里头文化遗址的地域和延续年代大体与夏朝相符。遗址中拥有目前所知中国最早的宫殿建筑群，布局规范整齐，中轴对称，筑有道路和陶管铺设的下水道，其中二号宫殿似为祭祀祖先的宗庙。遗址还出土了用玉、陶、青铜制作的礼器群。城中分布着铸铜、制陶等体现社会分工的手工业作坊。墓葬形制和陪葬品的悬殊差别，以及30多具捆绑双手、身首异处的人骨架，反映了贫富、社会等级的差异与阶级对立。这些都印证了夏朝国家雏形的奠立。

夏朝延续了470多年。末代夏王桀奢靡残暴，众叛亲离。约公元前1600年，生活在黄河下游的商部落首领汤联合众多方国部落起兵灭夏，建立商朝，定都亳（今河南偃师），后几次迁都。约公元前1300年，商王盘庚迁都于殷（今河南安阳），其后不再迁徙，商朝因此也被称为殷。

商朝的统治延续了500多年。代商而起的是兴起于渭水流域的周部落。公元前1046年，商朝的属国国君周武王联合800多方国部落打败商纣王的军队，建立周朝，定都镐京（今陕西西安西），史称西周。西周末年，诸侯强盛，王室衰微。公元前771年，西北犬戎族乘周朝内乱攻破镐京，杀周幽王，西周灭亡。

商·玉人，河南安阳殷墟妇好墓出土，再现了商朝人的形象。

西周·青铜利簋。铜簋内底有32字铭文,记载了周武王伐商的史实。

早期国家与宗族社会

中国早期国家的政体呈现出与西方文明源头古希腊不同的类型特点。古希腊山岭纵横,河流交错,生产、生活方式多样,航海交通和商业贸易发展,人员频繁交往流动,侵蚀瓦解着血缘亲族组织。在进入阶级社会时,政权、财权、神权分立,又联合起来共同推翻一元化的族权,在奴隶制基础上建立起城邦政体,实行公民政治。中华文明主要发祥地中原地区,属于辽阔地域精耕细作型农耕经济,进入文明社会时血缘纽带并未崩解。治水、对外征战等公共事务的需要,使血缘组织这一联结单一分散农业自然经济的有效纽带不断强化,氏族首领的权力、地位也随之得到加强,直接转化为集政权、族权、财权、军权、神权于一身的统治阶级新贵。血缘组织与国家形态融铸一体,奠立了宗法分封社会的基本格局。

夏、商时期，交通闭塞，人们普遍按血缘纽带聚居。这些聚居在一定地域的部族集团称"方国"。夏商两朝的管辖更多依靠传统的氏族血缘纽带，通过本部族对周边部族建立臣属关系，号令天下。这种从属关系主要呈现为一种"贡赋"形式，其实是一种较为松散的方国联盟，国家力量并未直接深入到周边的属国。

西周初年，为巩固对周边的统治，周公制礼，确立了宗法分封制度。国家统治和管理职能进一步强化。

宗法制是依据血缘关系亲疏来确定土地、财产和权位继承权的制度。周王自称天子，王位由嫡长子继承，为天下的大宗。其余诸子继承部分财产，受封为诸侯，他们对周王来说是小宗，在自己所辖范围内又是大宗。以下逐级受封为卿和大夫、士，直至普通庶民。

西周·盂鼎。鼎内壁有铭文291字，记载周康王二十三年册命贵族盂，并赐给他臣民与奴隶，是研究周代分封制的重要史料。

分封制，即按照宗法制的原则"封建亲戚，以藩屏周"。周王对受封的诸侯"授民授疆土"，由诸侯管理封地的事务，并定期到周室朝觐、纳贡和服役，承担拱卫王室的义务。西周用一条贯穿到底的血缘纽带打破夏商众多血缘聚落并立的格局，通过大规模分封同姓诸侯，在一些富庶地区、战略重地和交通要冲建立起巩固的统治据点，编织起从中央向四方扩散的控制网络。周边地区则分封了少量姻亲、功臣和前代贵族的后裔，以团结众多部族，稳定全国政局。

夏、商、西周社会依据血缘亲疏关系区分政治尊卑，是等级森严的阶级社会。如《左传》中所反映的，西周社会"天有十日，人有十等"，王统治公，公统治大夫，大夫统治士，士以下逐层统治皂、舆、隶、僚、仆、台等各级奴仆。享有各种特权的大小贵族往往兼任各级行政官员，构成统治阶级。

王室和贵族拥有众多奴隶，奴隶主要来源于战俘和罪犯，被任意赏赐和买卖。奴隶除服苦役外，还被杀死用作祭祀宗庙的供品，或为贵族殉葬。商朝一次祭祀就曾杀死500多奴隶。不过，严密的宗族血缘纽带还是确保普通族人不至沦为"会说话的工具"。一般族人，包括庶人、众、民、农夫等，都有自己的家庭和生产工具，属于平民阶层。他们要为王室和贵族承担劳役，是农业和手工业部门的主要劳动者。

商·"众人协田"牛骨刻辞，卜骨上有商王命令众人协力耕种农田的记载。

为了对外征战和对内镇压反抗，商、西周都把建立强大的军队当作立国的头等大事。制定斩首、活埋、割鼻、断足等严酷刑法和设立监狱也成为维护贵族统治的重要手段。

夏、商、西周时期，无论贵族还是平民，都生活在氏族或宗族血缘纽带编织的社会网络之中。除了确立血缘与地域二系合一的宗法、分封政治制度之外，西周统治者还以血缘

甲骨文所见商代使用武器及刑罚简表

甲骨文	含义	甲骨文	含义
	士兵持刀		使用手铐
	射箭		囚禁犯人的监狱
	一手拿戈，一手拿盾		用刀割鼻
	一手持斧钺，一手捉俘虏		活埋

伦常和尊卑等级为准则，制定了一系列规范人们行为举止的礼乐制度，用来"别贵贱，序尊卑"，维系等级制度和社会秩序。

在西周人看来，祭祀祖先是与戎马征战同等重要的国之大事，是维护宗法社会、增强凝聚力的重要礼仪。西周人认为"天命靡常，唯德是辅"，摒弃了商朝一味敬奉鬼神的观念，倡导尊祖敬宗的伦常道德和"敬德保民"的思想，用以教化民众，维护等级制度和稳定社会秩序，体现了"民之所欲，天必从之"的理性精神。

西周在国家政权制度建设方面推行的一系列创新举措，将血缘关系与国家行政体系巧妙地结合起来，对于稳定政治、维系社会生产秩序、加强向心凝聚力发挥了重要作用。与此同时，西周突破夏商时期众邦林立的格局，加强了对全国各地的控制，推动了边远地区的经济开发和文化发展。

▶ 资料链接

井田制

井田制是商周时代的一种土地占有制度。所谓井田，就是把耕地划分为一定面积的方田，像汉字中的"井"字。井田名义上为国家公有，实际为王室贵族所有。一井分为9个方块，周围的8块田为私田，中间则为公田。村社成员在强制监督下为贵族耕种"公田"之余，方得在划归自己使用的"私田"上耕作。井田制保留有原始社会土地管理的某些形式，庶民因享有"私田"使用权而较奴隶劳动条件优越。

灿烂的青铜文明

商朝、西周的地域远比夏朝广阔，是当时世界上最大的国家。在社会经济迅速发展和国家机器日渐成熟的基础上，商周文明发生了重大飞跃,其主要标志为城市、甲骨文和青铜器。

商朝的都城占地30平方公里,人口约14万。城中设有"九市",商业繁荣。西周全国人口超过300万,城市、道路交通和旅舍、邮驿系统更为发达。

商朝是个迷信鬼神的时代,王室贵族每遇祭祀、征伐、渔猎、疾病等事,都要占卜以问吉凶,并将结果用文字刻写在龟甲、兽骨上,称"卜辞"。卜辞刻写的古文字称甲骨文。19世纪末以来,在河南殷墟等地已先后出土刻有文字的甲骨15万片以上,目前所见甲骨文单字约有4500个,这表明商代甲骨文是当时大量使用的通行文字。中国由此进入有文字可考的历史时代。

西周更多保留下的是铸刻在青铜器上的文字,称金文。金文的文字数量大增,篇章规模也远大于甲骨文,出现了近500字的长篇铭文。甲骨文和金文已经体现象形、指事、形声、会意、转注、假借六种构字原则,奠立了汉字象形、表意的基本特征,是世界上唯一至今仍保持活力的比较成熟的古文字。今天使用的汉字正是在甲骨文、金文的基础上发展起来的。文字的广泛使用,是社会发展到较高阶段的产物,它突破时空限制,将人们的思维、语言、经验以及复杂的自然现象和社会现象记录下来,使文化得以传播交流并世代传承,极大地推动了文明发展的进程。

商周时期青铜铸造业高度发展,使社会生产和生活质量大大提高。目前商代青铜器出土近万件,西周仅虢国墓地即出土5000余件。这些青铜器主要是用作祭祀的礼器,还有戈、

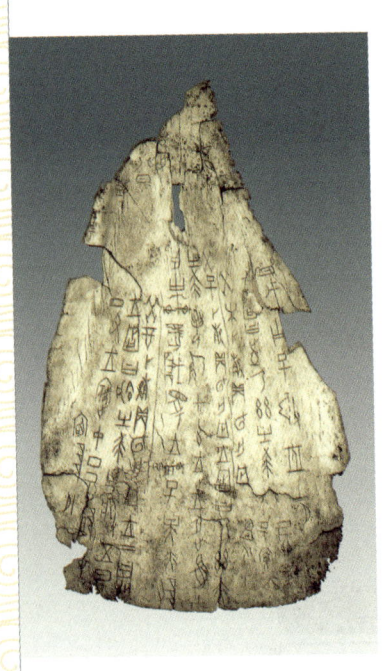

一片较完整的刻字甲骨

矛、钺、箭镞等兵器，刀、斧等手工业工具，以及少量车马配件和农具。

商周时期的青铜采冶铸造技术相当成熟。湖北大冶铜绿山西周古铜矿遗址面积约2平方公里，矿井深度达60余米，已掌握竖井、斜巷、平巷相结合的发掘方法，并具备排水系统，初步解决了井下通风问题。古矿遗存的炼渣含铜量仅为0.7%。商周工匠能准确调配铜和锡的比例，制造出各种不同硬度的青铜器物。

商周青铜器不但数量大、种类多，而且形制雄伟，技艺精湛。殷墟出土的司母戊鼎，将分别铸出的部件合铸成一个整体，高1.33米，重800多公斤，是世界上存留下的古代最

夏·青铜爵，河南偃师二里头出土，是目前已发现的中国最早的青铜容器。

商·司母戊铜鼎，河南安阳武官村出土，是目前已发现的最重的中国古代青铜器。

西周·铜编钟。编钟是周朝贵族在举行祭祀、宴飨等活动中使用的主要礼乐器。

大青铜器。青铜器的产量和铸造技艺折射出国力的盛衰,气势宏大的青铜大鼎正是商周时期灿烂辉煌的文明的象征。

一度与夏、商并存的古埃及、古巴比伦和印度河流域哈拉巴文化,都在创造出光辉的古代文明之后相继中断失落。夏、商、西周也曾经历王朝更迭,但无论以青铜铸造为代表的生产技术,以甲骨文字为代表的文化建构,还是早期国家日渐成熟的政治体制、社会结构、礼仪制度,乃至德治、民本、向心凝聚的文化取向,都积淀为中华文明的基因一脉相传,对后世产生深远影响。

春秋战国：
诸侯争霸与社会转型

春秋五霸与战国七雄

公元前770年，西周灭亡后的第二年，周平王迁都洛邑（今河南洛阳），史称东周。东周时期又分春秋、战国两个阶段。前者因鲁国编年史《春秋》反映的时段而得名，下限至公元前476年；以下至公元前221年，因强国争霸而被称为战国时代。

春秋战国550年间，王室衰微，退缩在方圆600余里的狭小地盘。诸侯不再向王室朝觐、纳贡，天子只得"告饥"、"求金"、"求车"，沦为强大诸侯的附庸。周桓王甚至被郑国军队射伤，不复有王室之尊。诸侯之间为了扩张势力，爆发了数百次兼并争霸战争，先后经历了"春秋五霸"和"战国七雄"两个历史阶段。

春秋时期率先称霸的是齐桓公。齐桓公当政后任用管仲为相，大力改革。在经济上鼓励垦荒，"通工商之业，便鱼盐之利"；军事上组建精悍常备军；政治上高举"尊王攘夷"旗号，联合中原诸国，保卫华夏先进文化。公元前651年，齐国在葵丘会盟诸侯，周王派代表参加，确立了齐桓公在中原的霸主地位。

晋、楚继齐国之后相继崛起。晋文公在外流亡十多年后回国即位，励精图治，于公元前632年城濮之战击败楚军，大会诸侯，一跃而成为中原霸主。南方的楚国至楚庄王时再度强盛。公元前

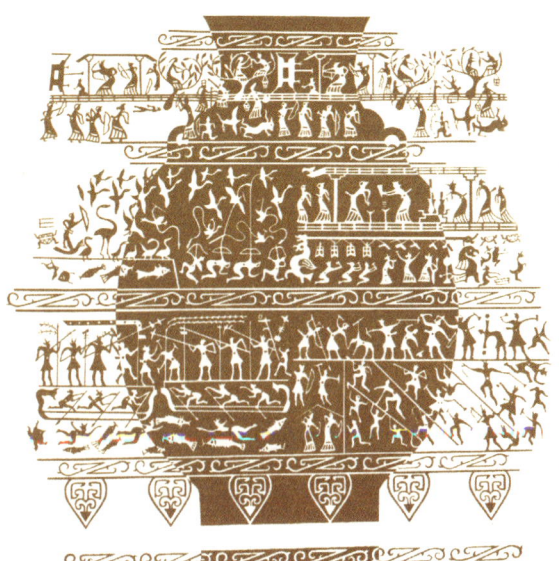

战国青铜壶镌刻的水陆攻战图，图中表现了战国时代的宴乐、狩猎、战斗等生活场面（四川成都出土）。

齐桓公与管仲（汉画像砖）

606年，楚军进逼周都城洛邑，公然询问周鼎之大小轻重，代周而王的野心暴露无遗。不久，楚军再次北上，大败晋军于邲，楚庄王跃升为霸主。

春秋后期，南方的吴、越先后称霸。长江下游的吴国于公元前506年攻克楚都，又灭掉钱塘江流域的越国，北上大败齐军，于河南黄池大会诸侯。越王勾践兵败被俘后忍辱负重，卧薪尝胆20年，终于乘吴王夫差耗尽国力之际，起兵攻克吴都姑苏。数年后勾践进而兼并吴国，进军中原，成为春秋时期最后一个霸主。

战国初期，宗法分封制遭到破坏，权力下移，一些因实施改革新政而强大的卿大夫逐渐瓜分、取代原诸侯权位，执掌国政。公元前403年，韩、

春秋·越王勾践铜剑

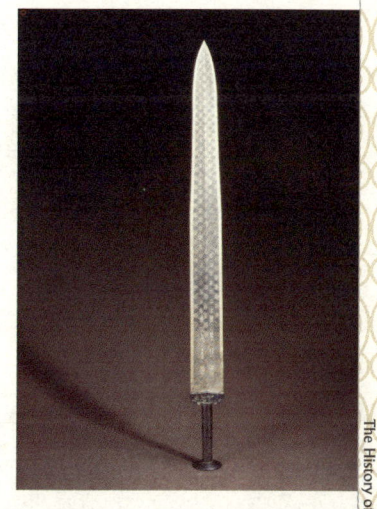

战国·秦武士斗兽纹铜镜，湖北云梦出土，表现了商鞅变法后秦人的尚武精神。

赵、魏三家分晋，此后齐国大夫田氏取代姜氏而自立为诸侯。诸侯之间兼并战争更为频繁，形成韩、赵、魏、齐、楚、燕、秦七雄并立争霸的格局。在经历了魏文侯独霸中原、齐魏争雄和秦齐对峙之后，秦通过商鞅变法迅速强大，公元前260年于长平大败赵国军队，确立了强秦与东部六国"合纵连横"争夺天下的局面。

春秋战国的兼并争霸战争给人民带来深重灾难，同时也冲击着旧的社会秩序，为除旧布新清除障碍。齐、晋、楚、吴、越（一说齐、宋、晋、秦、楚）"春秋五霸"和齐、楚、燕、秦、韩、赵、魏"战国七雄"，均因奋力改革而崛起，并在此基础上走向新的统一。黄河流域的诸多古老部族也在这一时期形成了汉族的前身华夏族。

▶ 资料链接

合纵连横

战国时期，七国争霸。除了使用武力外，各国还不断展开政治、外交上的攻势。位于东部的六国之间南北联合，共同抗秦，称为"合纵"；偏处西部的秦利用六国间的矛盾，远交近攻，各个击破，称为"连横"。在合纵连横的斗争中，东部各国为了自己的利益，时而追随秦，时而追随楚。一批谋士如苏秦、张仪等人，或主张合纵，或主张连横，游说于各国诸侯之间，后人称为"纵横家"。

铁器牛耕引发的社会变革

春秋战国之际是中国古代社会发生深刻变革和转型的重要时期。生产工具改进和技术革新是引发这次大规模社会变革的深层动因。

春秋时期开始进入铁器时代,坚硬锋利的锸、锄、耙、镢等铁制农具逐渐取代木石工具应用于农业生产领域。战国时进而用两牛牵引铁犁耕作。新的锐利工具和牛耕技术提高了耕作的科技含量,大大提高生产效率,使个体生产成为可能。以往"千耦其耘"的集体耕作方式严重阻碍新技术推广应用。史书上"公作则迟"、"分地则速"的记载,反映了个体农耕取代大规模强制性集体耕作的深刻变革。凭靠铁器牛耕的效率,这一时期大量荒地得到开垦。这些额外扩充的私田产品不再缴纳给国君。私田的主人将土地租给农民,收取田租,形成新的生产管理方式,极大地激发起个体农户的生产积极性。低效、落后的"公田"集体耕作方式遭到抵制,甚至造成"田在草间,功成而不收"的土地荒芜现象。各诸侯国纷纷将"公田"也租给农民耕种,井田制逐渐瓦解。建立在土地私有、个体农耕基础上的地主经济迅速壮大。

春秋·金镡金首铁剑,河南陕县后川出土。

新兴地主阶级强烈要求打破日趋僵化的由宗法贵族世代占有封土、控制军政大权的旧制,废除贵族"世卿世禄"的特权,掀起旨在发展地主经济、富国强兵的改革风潮。

春秋时期齐国管仲实行"相地而衰征",按照土地多少和田质好坏分等征收赋税。鲁国于公元前594年实行"初税亩",规定不论公田、私田,一律按田亩实数征税。这些税制改革实质都是国家以赋税制度法定的形式确认土地私有。其后秦国推行"坏井田,开阡陌,民得买卖"的

战国·铁双镰范,河北兴隆县古洞沟出土。

战国·曾侯乙尊盘,湖北随县曾侯乙墓出土。其铸作之精湛,体现了战国时代青铜工艺的高度发达。

土地政策,使土地私有进一步合法化、普遍化,由此奠定国家对土地所有者实行统制管理的格局。

战国时期魏文侯任用李悝变法,制定《法经》,从法律制度层面巩固地主阶级统治。楚悼王任用吴起变法,改变世袭分封制,整顿吏治,强化地主阶级君主集权统治。这场改革因触动旧贵族利益而遭遇强烈抵抗。楚悼王去世后,守旧派竟不顾伤害王尸要被灭族的刑罚,乱箭将躲在悼王尸体旁避难的吴起射杀。但历经曲折之后,改革还是先后在齐、晋、郑、吴、越、魏、楚、秦、韩、赵、燕等诸侯国取得显著成效。其中影响最大的是战国中期秦国的商鞅变法。

公元前356年,秦孝公重用商鞅实施变法。商鞅变法的主要内容是奖励耕战、废井田开阡陌、建立县制。新法规定废除世卿世禄制,设二十等级爵位,一律按军功大小授爵,享受相应政治、经济权利。这一变革打击了贵族的特权,大大提高了军队的士气和战斗力。新法还规定对生产粮食、布帛多的人免除劳役和赋税,起到了鼓励生产积极性、增强国力的作用。废井田开阡陌,是指打通贵族占有"井田"的界限,承认土地私有的合法性,推动了地主经济发展。新法还把秦国划为31县(一说41县),取代分封采邑制,县令和县丞由国君任免,不得世袭。秦国并编制户籍,实行什伍连坐法。五家为伍,十家为什,一家犯法,若不告发,则十家连坐。此外商鞅还制定秦律,颁布统一的度量衡标准器,对加强统一产生了重要影响。《史记》称,商鞅变法"行之十年,秦民大悦,道不拾遗,山无盗贼,家给人足"。

商鞅在秦先后两次变法,历时20余年,使秦国日益富强。商鞅执法严峻,曾对唆使太子破坏变法的太子傅施以劓刑(割鼻)和黥刑(在脸上刺字,然后涂上墨炭)。太子继位后,商鞅惨遭车裂酷刑。不过商鞅虽死,秦法未败,新政已经深入人心。战国后期,偏于西部一隅的秦国能够迅速崛起,后来居上,便得益于商鞅新政的深远影响。

商鞅遇害100年后,秦王嬴政亲政,挟商鞅变法余威,加快了扫平六国、一统天下的步伐。

秦国高度重视农业生产,为统一六国奠定了雄厚的经济基础。秦蜀郡太守李冰修建的都江堰水利工程,使成都平原变为"水旱从人,不知饥馑"的沃野。水工郑国在渭河平原主持修建的郑国渠,灌溉农田280万亩,在关中地区建立起又一巨大粮仓。

秦国奖励军功的政策,培育出勇武善战的军队。秦兵马俑坑出土的击中目标瞬间可形成切割力穿透铠甲的三棱箭头,显示骁勇的秦军装备有精良的武器。时人称六国军队如遇秦军,无异于"堕千钧之重,集于鸟卵之上,必无幸免"。

坚持开放进取政略,博采六国之长,也是秦得以实现统

商鞅方升,是商鞅为统一秦国度量衡而制造的标准铜量器。

一的重要原因。公元前238年秦王嬴政亲政之初,韩国派水工郑国前去说服嬴政,在秦国境内的泾河流域开渠引水,其真实目的是以此消耗秦国国力,拖延秦东进步伐。后来,渠尚未修成,"疲秦"阴谋败露。郑国临刑前表示,即使修渠消耗了大量财政收入,也不过是让韩国多苟延几年而已,而修渠对秦国而言,却是"万世之利"。秦王觉得有理,放手让郑国继续修渠。宗室大臣却提出,在秦任职的客卿都是为自己的君主前来游说离间的,应将他们驱逐。楚人李斯也在被逐之列。李斯上《谏逐客书》,列举历代秦王任用客卿促秦强盛之例反驳。嬴政幡然省悟,撤逐客令,派人追回李斯。李斯等客卿后来在辅助嬴政兼并六国、创立统一大业的进程中发挥了重要作用。

公元前230年至前221年,嬴政运筹帷幄,挥师东进,相继兼并六国,终于在中国历史上第一次建立起中央集权的大一统国家。

春秋战国时期,诸侯争霸与社会变革的进程交织在一起。礼崩乐坏、社会动荡的局面,为各国竞相变法提供了宽松的空间。而在群雄并起的乱局中,也只有通过改革方能富国强兵,在竞争中立足。这时的兼并争霸战争,在一定程度上被赋予了扩大改革新政的积极意义。而在打碎旧制基础上,由新兴地主阶级实现新的统一,则是体现人民意愿和推动社会发展的巨大进步。

文化觉醒与百家争鸣

春秋战国时期,铁器和牛耕推动生产力迅速发展,促进了商业繁荣和城镇兴盛,传统的礼法秩序受到猛烈冲击。在各国竞相改革的潮流中,一批士人冲出狭隘宗族网络,自由流动。他们纵横捭阖,四处游说讲学,极大地开拓了视野,促进了文化的觉醒。

春秋时期,贵族垄断文化教育的"学在官府"局面被冲破,士人在民间传播文化的"私学"逐渐兴起。如鲁国人孔子践行"有教无类"主张,仅他教过的学生就达3000多人,著名的弟子有72人,其中不乏身居陋巷的平民弟子。教育的下移与扩散,为转型时代的文化勃兴打下了基础。

精耕细作型的自耕农经济,相对大规模简单协作、粗放经营显示了明显优势,激发出生产者旺盛的创新热情。高度发展的手工业、商业等社会需要的刺激和先进生产力的支撑,以及各诸侯国富国强兵改革运动的推动,促使春秋战国时期的科学技术得到长足发展。这一时期的青铜铸造技术炉火纯青,器物精美绝伦。春秋时期已能冶炼生铁,战国时发明铸铁柔化技术,早于西方约2000年。春秋晚期生产出世界上最早的渗碳钢。战国时期李冰父子主持修建的都江堰,由鱼嘴

秦国李冰父子主持修建的都江堰,至今仍发挥着防洪灌溉功能。

分水堤、宝瓶口和飞沙堰三部分组成，既可防洪、排涝，又能灌溉、航行，使成都平原成为旱涝保收的沃野，至今仍可灌溉土地上千万亩。

天文学方面，《春秋》一书记载了公元前613年世界上最早对彗星的观测和记录。战国时的《石氏星表》是世界上最早的恒星星表，记载了120多个恒星的位置。数学方面，出现了九九乘法口诀和筹算计算法。战国年间《墨经》中关于杠杆原理和浮力理论以及声学、光学知识的叙述，反映了物理学方面的重大成就。战国名医扁鹊创立的望色、闻声、问病、切脉四诊法，2000多年来一直为中医所沿用，被尊为"脉学之宗"。

科学技术的飞跃，推动着理性与人文精神的觉醒。

春秋时期诞生了中国最早的诗歌总集《诗经》，保存了从西周初期到春秋中期大约500年间的诗歌，共305篇。《诗经》分"风"、"雅"、"颂"三部分，其中成就最高的是"风"（又称"国风"），大部分是春秋时各诸侯国的民歌，内容既有对统治阶级剥削的辛辣讽刺、对劳动人民反抗精神的颂扬，也有人们对美好爱情的追求。《诗经》以四言为主，多用重章叠句的句式，语言质朴生动，是中国诗歌形成的重要标志。它的现实主义倾向和"赋、比、兴"艺术手法，都对后世的诗歌创作产生了深远影响。战国时期，在南方兴起一种新体诗歌——楚辞，采用自由灵活的句式，更适合表达复杂丰富的感情。屈原抒发政治抱负和爱国情怀的长诗《离骚》是楚辞中的名篇。诗中大量运用象征、比喻的手法，把神话传说、历史人物、山川日月、

屈原像

香草幽花编织在一起,辞藻瑰丽,想象奇特,情感炽热,意境高远。

以"国风"为代表的《诗经》和以《离骚》为代表的楚辞合称为"风骚",它们体现了早期人文精神的萌动,分别开启了中国古代诗歌现实主义和浪漫主义两大源头。

春秋时期涌现出两位对中国历史产生深远影响的大思想家孔子和老子。

孔子,名丘,字仲尼,鲁国人。他的思想主要保存在由弟子整理记录的《论语》一书中。孔子主张对鬼神敬而远之,把探讨和解决人世间的实际问题放在优先位置。他的思想核心是"仁"和"礼"。孔子提出"仁者爱人",要求统治者体察民情,反对苛政和任意刑杀;提倡遵循"忠恕"之道,做到"己所不欲,勿施于人",广泛地理解体贴他人,以此调整人际关系,稳定社会秩序。他还主张"为政以德"、"以礼治国",通过"克己复礼",履践道德伦理,维系国家政教体制。

孔子像

他力图按照周礼,把当时已经混淆了的社会等级秩序矫正过来,达到名正言顺、贵贱有序。这体现了他政治思想中保守的一面。但孔子也不排除在维系尊卑等级旧制基础上,对一些不合时宜的礼俗政令作适当的变通和改良。战国时期的孟子、荀子,继承和发展孔子学说,使儒家倡导的政治理想和道德准则成为2000多年来中国传统思想的主流。

老子姓李名耳,字聃,楚国人。他做过东周王室管理典藏的史官,博学多识。孔子曾向老子请教过有关"礼"的知识。老子的思想由战国时期的道家学派整理成《道德经》一

《老子骑牛图》。传说老子见周王室衰微,遂骑青牛出关远去,莫知所终。

书,充满了哲理和东方智慧。老子摈除"天命"的绝对权威,主张"道法自然",无为而治。"无为"是指不妄为,不胡作非为。老子警告统治者不要过分威逼老百姓,"民不畏死,奈何以死惧之!"但他向往"鸡犬之声相闻,民至老死不相往来"的原始纯朴风气,主张"常使民无知无欲",产生了一定消极影响。老子哲学中包含着丰富的辩证法思想。他指出,任何事物都有矛盾对立的两个方面,诸如高和下、前和后、有和无、难和易、生和死、贵和贱等,矛盾双方可以互相转化。后世尊老子为道家学派鼻祖,他的思想对中国文化,包括哲学、伦理学以及中国人的思维方式、道德人格产生了深远影响。

战国时期群雄改革争霸的局势日趋深入、激烈,各国对人才的需求更为迫切。而社会大变革也为主体意识不断提升的士人提供了独立思考和创造性探索的广阔舞台。齐宣王就曾在都城临淄稷门附近扩建客馆,接纳文学游说之士,并对邹衍、田骈、慎到等一批学者赐予府第和官爵,鼓励他们著书立说。稷下学宫一时成为各国学术文化交流的中心。在诸多契机风云际会下,不同阶层、派别的代表人物,对各种问题提出不同的见解,互相探讨辩驳,形成了思想领域"百家争鸣"的局面。

诸子百家中,最活跃的思想流派有儒家、墨家、道家、法家、阴阳家、名家、兵家和杂家。

战国时期儒家的代表人物是孟子和荀子。孟子把孔子"仁"的思想发展为系统的政治学说，提出"民为贵，社稷次之，君为轻"的思想。他强调先义后利、舍生取义，提倡"富贵不能淫，贫贱不能移，威武不能屈"的人格精神。荀子认为，治国应以礼教为主，同时主张礼法并施。他提出"天有常道，地有常数"，自然界的规律不以人的意志为转移；但人可以发挥主观能动性，"制天命而用之"，掌握规律，造福人类。

墨家学派的创始人是鲁国人墨翟。他出身贫贱，做过工匠，后来官至宋国大夫。墨子以"兼爱"为"仁"，超越了孔子建立在等级差别之上的仁爱观，主张不论王公大人还是普通万民都不分轻重厚薄。他提出"非攻"，就是反对不义的掠夺战争。墨子要求统治者"尚贤"，不分等级举用贤才；提倡"尚力"，强调生产劳动在社会中的地位。他还提出推崇权威的"尚同"思想。同时墨子反对统治者铺张浪费，主张"节用"、"节葬"。传世的《墨子》一书在自然科学和逻辑学方面也颇有建树。墨家学派反映下层劳动群众，特别是手工业者的利益，一度成为显学，被其他学派广泛吸收征引。

孟子像

庄子继承和发展了老子的思想体系，成为战国时期道家的主要代表。庄子名周，宋国人。他鄙视富贵利禄，痛恨"窃钩者诛，窃国者诸侯"的社会不公，曾拒绝楚王高官礼聘，靠打草鞋谋生，著书自娱。庄子认为"道"自本自根，自古固存，任何事物在本质上都是相同的，没有区别。据此他提出了"齐万物"的观点，并提倡无思无虑、无欲无求的"逍遥"人生态度。他指出"物量无穷,时无止"，认识到时间与空间的无限性，提出人必须顺应自然的主张。在政治上，庄子坚持"不闻治天下"的无为而治思想。

战国后期的思想家韩非，是法家的集大成者。韩非主张法、术、势相结合，建立一个君主专制的中央集权国家。他认为，法律是处理政事的基本，权术是君主控御群臣的工具，势力是君主的政权、威势。他提倡"以法为本"治国，"法不阿贵"，对于打击旧贵族特权、维护新兴地主阶级中央集权制度具有积极意义。韩非认为，社会不断发展变化，历史永远不会倒退。他反对儒家"是古非今"的历史观，主张变法革新。他声称，如果用先王的政治来治理现在的人民，就像守株待兔一样可笑。韩非的思想适应建立统一的中央集权政治体制的需要，受到秦王嬴政的推崇，被奉为秦治理国家的指导思想。在西汉以后的1000多年中，这种思想与儒家思想互为表里，成为中国古代社会统治思想的理论基础。法家思想中的变革精神，成为历代进步思想家、政治家改革图治的理论武器。

阴阳家是战国后期兴起的思想流派，他们将金、木、水、火、土五行思想社会化，认为社会的演变如同五行更替，围绕主宰一切的"道"周而复始循环。阴阳家的代表人物是齐国方士邹衍，对秦汉时期的社会思想产生了很大影响。

名家是针对社会变革时代名实不符纷乱状况，加以辨析"正名"的学派。代表人物是惠施、公孙龙。名家把同异问题从常识范围上升到哲学高度，涉及感觉与客观实际的关系以

庄子像

及实体与属性的关系等问题,促进了逻辑学在中国的发展。

兵家的鼻祖是春秋时期的军事家孙武。他所著《孙子兵法》揭示了诸多用兵伐谋以及系统性与整体性控制等一系列军事规律,形成完整的军事理论体系。该书被尊崇为"百战不殆"的兵学圣典,在全世界享有极高声誉。战国时期兵家代表人物是孙武的后代孙膑。孙膑作为齐国军师,指挥过"围魏救赵"等经典战例。他继承孙武的思想,强调掌握战争规律,注意创造有利于己的形势,重视人的作用。他的军事思想被编为《孙膑兵法》,有汉代竹简传世。

韩非像

杂家"兼儒墨,合名法",是战国末年兼采诸家而形成的学派,代表作是秦相吕不韦主持编写的《吕氏春秋》。这是一部以"道法自然"为主旨,整合百家之说以为治国者筹划谋略的政论之作。该派提出君主应尊师劝学,去私而贵公,任贤而无为;强调要顺乎民意,用义兵统一天下。

先秦各派之间既相互争论和批判,又相互影响,有力地促进了思想文化的繁荣发展。诸子百家的代表作,包括孔子整理传世的《诗》、《书》、《礼》、《易》、《乐》、《春秋》等重要典籍,在政治、经济、军事、法律、教育、哲学、史学、文学艺术和自然科学等众多领域建构的思想理论,都以其开创性的贡献成为开源导流的元典之作,共同构成中华传统文化的基本精神。

公元前5世纪前后,东西方文明高度发展,交相辉映,在人类历史上开启了一个崭新的时代。建立在奴隶制经济基础上的古希腊城邦民主政治，造就了苏格拉底、柏拉图、亚里士多德等思想大师；中国春秋战国之际奠立起地主自耕农经济的深刻变革和社会转型，则孕育出以孔子、老子等为代表的一批文化巨匠。东西方哲人共同为人类文明矗立起一座座高大的丰碑。

秦汉：
大一统国家的建立和发展

秦皇朝奠立大一统基业

公元前221年至公元220年相继400年的秦、汉皇朝,在中国历史上第一次建立起统一的多民族的中央集权国家,奠立了大一统帝国基业。

公元前221年,秦并六国后继续向周边拓展,先后平定东南沿海、华南地区各自分散的百越以及互不统属的西南地区诸族,在当地设郡置吏,统一管辖。秦军还北击匈奴,收复被占的河套地区,移民屯垦,并修筑万里长城,巩固北部边防。最终,秦朝建立起幅员空前辽阔、拥有2000多万各族人民的庞大帝国。

秦始皇像

秦王嬴政统一六国后,标榜"德兼三皇,功过五帝",自称"始皇帝",确立至高无上的皇权。秦始皇坚持和发展春秋战国以来社会变革的进步成果,推行了一系列加强中央集权统治的举措。

在国家政治体制方面,秦始皇认为分封侯王是春秋以来战乱不已的根源,"天下初定,又复立国,是树兵也"。他接受丞相李斯的建议,对诸子、功臣重加赏赐而不再分封,建立起一套从中央到地方的官僚行政系统。

全国由皇帝总揽军政大权,皇位子孙世代相传。皇帝之下,在中央设三公九卿。三公指丞相、太尉和御史大夫。丞相辅佐皇帝处理国家大政,为百官之首;太尉协助皇帝管理军务;御史大夫执掌监察、执法，兼管文书图籍。三公之间互不统属，分别听命于皇帝。中央各行政机关和职掌皇家宫廷事务的部门总称九卿。这种皇权至上、丞相为首、百官分理的制度，奠定了中国古代中央机构设置的基本格局。

在全国范围设置的郡、县两级政权机构，构成了地方官僚行政体系。郡是中央直接管辖下地方上的一级行政机构。郡的最高长官为郡守，郡丞辅助郡守管理行政和刑狱，郡尉负责军事和治安。郡下设县，县令、县丞、县尉的职事与相应郡级官员相同。郡、县官员都由朝廷直接考核任免。县以下有乡、里等基层机构。乡吏中的三老负责教化，啬夫负责听讼、收税，游徼负责治安。

国家通过三公九卿以及郡县乡里各级机构管理人民、征收赋税，个体家庭成为国家控制下社会组织的基本单位。

在经济领域，秦始皇命令占有土地的地主和自耕农，依照实际占有土地的数额向政府呈报，登记户籍，国家按亩征税，以法律形式确认土地私有制，以保护地主经济先进生产方式。秦统一前，各诸侯国货币形状、大小、轻重不一，计量单位也不一致，妨碍了全国范围商品交换关系的发展，也不便于征收赋税。公元前221年，秦始皇统一货币，并颁行度量衡标准器，大大加强各地之间经济联系，促进商品经济发展，有利于国家在经济上联为一体。

秦铜权。权身铸有"八斤"二字并刻秦始皇二十六年统一度量衡诏文。

秦统一后，拆除六国互防所设路障，统一车辆形制并广修道路，构筑起以首都咸阳（今陕西咸阳东北）为中心、四通八达的交通网。在统一岭南过程中开凿的灵渠，沟通了长江和珠江两大水系。在西南今四川宜宾至云南曲靖的崇山峻统一货币示意图。秦始皇统一六国后，将各国流通的布币、刀币、铜贝等统一为外圆内方的圆钱。

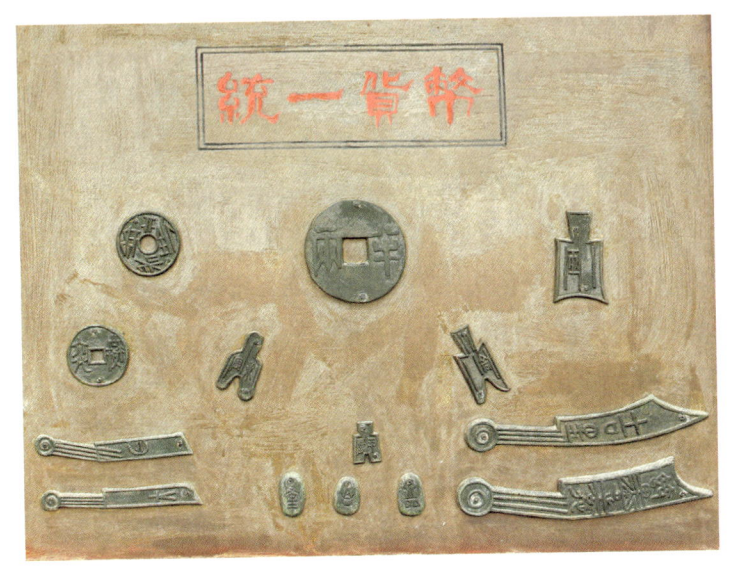

岭间，开凿出"五尺道"山路。这些举措确保传达政令、调遣军队便捷通畅，促进了全国各地区、各民族之间的经济文化交流，成为联结大一统国家坚实的物质基础。

秦统一前，各国"言语异声，文字异形"。统一后，秦始皇规定以整齐划一的小篆字体作为标准通行全国。这有利于国家贯彻政令和文化交流，大大加强了各地区、各民族对中华文明的归属与认同。以后2000多年，汉语书面语言始终保持统一，对统一多民族国家的凝聚与巩固产生了极其深远的影响。

秦统一后，还吸收六国有关法律条文制定秦律，广泛涉及刑法、诉讼法、民法、经济法、行政法等众多方面的内容。

公元前213年，一些守旧的儒生鼓吹"事不师古而能长久者，非所闻也"。李斯对这些反对派进行批驳。秦始皇接受李斯的建议，进一步加强思想控制，规定教育由官府主办，严禁私学；下令烧掉《秦记》以外的各国史书，民间除医药、卜筮、种树等书籍外，所藏《诗》、《书》及百家著作也一律烧毁，还规定对私下谈论《诗》、《书》者处以死刑，以古非今、非议朝政者灭族。公元前212年，因一些方士、儒生行骗或指责秦始皇专任狱吏、"乐以刑杀为威"，被牵连逮捕400余人，全部坑杀。秦始皇烧民间百家书籍、坑杀行骗方士和反对派书生，有反对倒退、维护中央集权统治的一面，但手段残暴，给中华文化带来重大损失，并在政治生活中造成负面影响。

秦始皇发给驻防阳陵将领的铜铸虎符，中分为二，左右各有12字铭文："甲兵之符，右在皇帝，左在阳陵。"发兵时，必须左、右半符验合。

秦始皇从事的征战和兴建的工程多数具有深远的进步意义，但却征调太急，赋敛过重，刑罚苛严，尤其是兴建宫殿、陵墓，给人民带来沉重的负担和苦难。公元前210年，秦始皇病死于出巡途中。秦二世继位之际，统治集团互相残杀，赋敛愈重，刑杀益滥，社会矛盾迅速激化。公元前209年，终于爆发陈胜、吴广领导的大规模农民起义，沉重打击了秦朝统治。公元前206年，在项羽、刘邦等反秦势力攻击下，秦朝灭亡。此后又经历四年楚汉战争，直至公元前202年，刘邦击败项羽，建立汉朝，定都长安（今陕西西安），史称西汉。

尽管秦朝二世而亡，秦始皇确立的一系列开国新制，对奠定统一多民族国家基业作出开创性的贡献，为此后2000多年的历史开辟了新的发展方向。

西汉加强中央集权的政略

秦末的暴政和皇朝更迭的动荡战乱，导致汉初经济残破。汉初统治者总结秦亡的教训，无为而治，休养生息。至文帝、景帝在位期间，经济恢复发展，社会安定，出现中国古代第一个治世——"文景之治"。在此基础上，汉武帝得以施展雄才大略，进一步开拓进取，使西汉臻于鼎盛。

西汉在废除酷秦暴政的同时，继承其大一统基本国策，并因时制宜调整更新，推行一系列加强中央集权统治的举措。

汉初在经济领域实行"与民休息"政策，轻徭薄赋、奖励生产。高祖刘邦通过罢兵归田、招抚流亡、释放奴婢并给予相应安置以及减免徭役、定田租为十五税一等优惠措施，使大量人口回归农业生产领域。文帝规定以"务劝农桑"绩效奖惩地方官吏，田租降至三十税一。这些政策推动农业生产迅速恢复发展。武帝进而推行官管专卖垄断盐铁之利、征收工商财税、设均输平准机构平抑物价、统一币制、严禁私铸货币等一系列财经改革，使国家牢牢掌握经济命脉，增加财政收入，为大一统帝国奠定了坚实的经济基础。

"汉并天下"瓦当，陕西西安长安城遗址出土。

在确立国家政体方面，西汉经历了一段曲折反复的过程。汉初刘邦分封一些开国功臣为异姓诸侯王，封国制和郡县制并存。七名异姓王封地相当于西汉半壁江山，他们拥兵自重，对皇权构成威胁。刘邦借故相继将异姓王诛杀铲除，转而分封同姓子侄，期望凭靠刘氏宗亲镇守四海、拱卫中央。但随着时日推移，同姓王势力膨胀，各自为政。他们不但自立法令，僭越礼制，还擅征赋税，盗铸钱币，富比皇帝，甚至发动武装叛乱。汉景帝接受大臣晁错削藩的建议，招致诸侯王怨恨，吴、楚等七国以"诛晁错，清君侧"为名，联合举兵反叛。景帝被迫杀晁错以向七国赔罪，但仍不能阻止叛军进攻。

最后，大将周亚夫临危受命，击溃叛军。叛乱平定后，朝廷乘势把诸侯王治民的行政权力收归中央。汉武帝吸取分封致乱的教训，颁布"推恩令"，将诸王封地再往下分封给其子弟为侯，新侯国归中央直辖的郡管理。诸王被分割架空、釜底抽薪，实力大大削弱。汉武帝并颁令禁止读书人与诸侯王交往，防止他们培植自己的政治势力。他还借口王侯们在祭祖典礼上所献酎金重量与成色不足，一次就削夺了106个侯的爵位。

在消除分封制隐患的同时，汉武帝还加强皇权对从中枢到地方各级行政机构的控制。为了牢牢控制国家最高权力，他在中央提拔一些身边的侍中、常侍作为助手参与谋划和发布诏令，成为实际掌权的"中朝"，而丞相为首的"外朝"则沦为执行一般政务的行政机构。监察制度是中央集权政治体

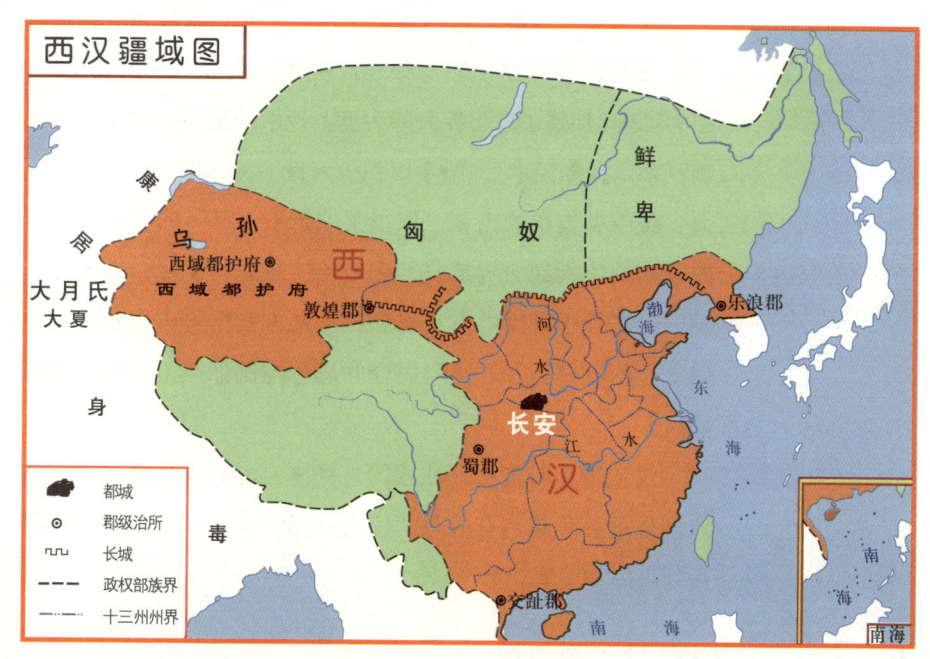

西汉疆域图

制的一个重要组成部分。汉代大力加强监察制度。汉武帝在中央增设司隶校尉,监察京师百官和皇族的不法行为。在地方将全国划分为13个监察区域,称"十三州部",每州部委派刺史一人,官品虽低,却受权代表中央巡视、监察地方郡国官员,抑制和打击地方不法豪富。中央集权的政治体制空前加强。

汉代实行察举征辟制,由地方长官定期向朝廷推荐人才,经考核后授予不同官职。朝廷征聘有特殊名望与才能的人入朝作官,谓之征。由高级官员征聘自己属官的,谓之辟。这种选官制度更加注重才能,但容易任人唯亲,以至出现"举秀才,不知书,察孝廉,父别居"的现象。

为防止官员在地方长年任职,根深难拔,或利用乡土宗亲关系盘踞自重,汉代对地方主要长官规定任期年限,官员对籍贯所在地以及与上司有宗亲关系的也须回避。

汉初盛行清静无为的黄老之学,思想领域较为宽松,这与中央集权日益强化的情势逐渐疏离。武帝时期政局稳定,国力昌盛,加强了思想控制的力度。他采纳董仲舒的建议,"罢黜百家,独尊儒术"。儒学因积极入世、关怀现实,又能适应大一统中央集权的需要,取得了"定于一尊"的官方意识形态统治地位。这一政策贯彻到政治、思想、文化、教育各个领域,有利于巩固中央集权和打击地方割据势力,对加强中华文化的凝聚力和君主对民众的思想控制都产生了深远的影响。

汉武帝审时度势,在政治、经济、思想文化诸领域实施的调整革新政略富有成效,使秦开创的统一多民族国家格局得到巩固和发展。

稳固北疆与开拓西域

秦汉时期,生活在北部蒙古高原的游牧民族匈奴族崛起。在玉门关和阳关以西,包括今新疆和中亚以至更远的绿洲地区,时称西域,分布着乌孙、车师等"三十六国",汉初为匈奴所征服。匈奴和秦汉大体沿农牧自然分界线南北对峙,双方和战关系直接影响到河套与西域等地区乃至统一多民族国家的安定和发展。

公元前215年,秦始皇派大将蒙恬率兵30万北击匈奴,收复被攻占的河套地区,在当地设县。为防范匈奴袭扰,秦保留和加固原燕、赵、秦防御北边的旧墙,进一步连贯修补,筑起一道西起甘肃临洮、东至辽东的万里长城,沿线设12郡,大规模移民屯垦戍守边防。这些举措为稳定北疆与开拓西域奠定了基础。

汉初经济凋敝,无力抵御匈奴南下,被迫"约结和亲,

甘肃敦煌玉门关
西汉长城遗址

明·仇英《昭君出塞图》

赂遗单于",仍不能阻止匈奴大规模杀掠洗劫。武帝时国力昌盛,先后发动河南、河西两大战役,将匈奴逐出漠南,继而又派卫青、霍去病穷追漠北。与此同时,大力构筑河西长城,而一些断续相望的烽燧亭障一直向西延伸至新疆罗布泊。

此后,匈奴分裂,呼韩邪单于率部归汉,约定"汉与匈奴为一家,世世勿得相诈相攻"。汉元帝应匈奴和亲之请,将宫女王昭君作为公主嫁给呼韩邪单于,北部边疆出现了几十年的和睦安宁。

巩固长城边防、屯田实边、开辟交通以及汉匈和亲、互市贸易相辅相成,不仅保障和推进中原社会经济发展,还发挥了传播先进文明、开发边疆、孕育"塞上明珠"的作用。汉初牲畜奇缺,将相只能乘牛车出行;到汉武帝时,长城以南已是"马牛放纵,畜积布野"。大批畜力投入农耕、交通运输,极大地提高了中

内蒙古和林格尔汉墓壁画,反映了当时北方游牧民族的农耕生活。

原地区的社会生产力。而匈奴"驱牛马万余头,来与汉贾客交易",在获得大量生产、生活必需品的同时,拉动了本身畜牧经济的发展。大量出土文物表明,甘肃、内蒙古鄂尔多斯,包括东北辽阳等地已经使用铁犁、牛耕,货币、衡器、量器也与内地没有差异。

汉初,由于道路艰险、匈奴阻隔,汉朝和西域几乎处于隔绝状态。为联合西域诸国反击匈奴,公元前138年汉武帝派张骞出使西域,与当地初步建立起一些联系。公元前133年以后,汉先后设立酒泉、武威、张掖、敦煌四郡,打通连接西域的要道。公元前119年,汉朝击败匈奴,基本控制了西域地区。张骞率众300余人,携带万头牛羊和大量锦帛丝绸等丰厚礼品,再度出使西域。此后,汉朝与西域诸国互派使节,互通商旅。汉朝还在通往中亚、西亚的交通沿线筑亭障、设驿站、修道路,为来往使团、商旅提供食宿和安全保护。公元前105年开始,汉武帝相继以宗室女细君、解忧作为公主嫁给乌孙王,解忧的侍女冯嫽嫁给乌孙右大将,与乌孙和亲。解忧、冯嫽长年活跃在西域政治舞台,协助完成"断匈奴右臂"的计划,推动乌孙接受汉朝的封号,促进西域各国与汉朝的友好关系。天山南北广大地区日益与中原联成一体。至公元前71年,西汉与乌孙再度联合出兵20万,将匈奴势力逐出西域。公元前60年,汉朝设置西域都护府,标志着今新疆地区正式归属中央管辖。

敦煌壁画:张骞出使西域辞别汉武帝

汉朝对西域的开拓,突出地体现在开辟了一条从长安经

丝绸之路示意图

丝绸之路出土的东罗马金币

河西走廊、今新疆地区，通往中亚、西亚直至欧洲的商路。沿着这条横贯亚欧的陆上通道，汉朝的铸铁、凿井、铁犁牛耕和养蚕缫丝技术以及大量金属工具、丝织品源源不断输入西域，促进了当地社会进步。西域的汗血宝马、骆驼、皮毛制品、葡萄、石榴、胡麻、胡桃等物产以及异彩纷呈的音乐、舞蹈纷纷传入内地，为中原文化注入了新鲜血液。这条商路也使汉朝与贵霜、安息、罗马等文明古国辗转相连。公元前1世纪罗马执政官恺撒即曾身着用中国丝绸缝制的"天衣"，其时欧洲人称汉朝为"赛里斯"，意即"丝绸之国"。公元1世纪罗马博物学家普林尼在其所著《自然史》中提及，"虽然铁的种类很多，但没有一种能和中国（汉朝）来的钢相比美。"古印度的佛教、罗马的魔术以及异域的雕刻绘画艺术也相继东来。这条被后世称为"丝绸之路"的亚欧通道的开辟，不但使西域和中原牢固地联为一体，而且对中西方文化交流和人类文明的发展产生了深远的影响。

西汉武帝时疆域超过秦朝一倍，人口最多时近6000万。如此地广人众大一统帝国的奠立，不但依仗先进生产力支撑，凭靠政治、经济等方面成熟的制度设计和运行机制实行有效的管理，还须理顺中央与地方以及各民族之间的关系，并在文化观念和价值取向上日渐认同，形成向心凝聚力。尽管后世不断经历疆域盈缩、王朝更迭和政权分合等反复，但大一统的总趋势不再逆转。这也是中国古代克服小邦林立割据状态，创造出唯一没有中断的古老文明的重要原因。

西汉末年，外戚王莽专权，公元9年代汉称帝，改国号新，西汉灭亡。14年后，绿林、赤眉农民军攻破长安，灭新。公元25年，汉宗室刘秀恢复汉朝，定都洛阳，史称东汉。刘秀释放奴婢，减轻赋税，社会经济恢复发展，他所依靠的地方豪强力量也随之膨胀。东汉后期，外戚与宦官集团轮番把持朝政，互相争斗砍杀，加剧了社会动荡。在黄巾农民起义冲击下，皇权衰败，形成豪强军阀割据称霸的局面。公元220年，曹丕废汉献帝建魏，定都洛阳，东汉灭亡。

东汉铜奔马，甘肃武威出土。

昌盛的秦汉文化

大一统国家的奠立，为文化持续发展提供了根本保障。秦汉时期在先秦科技文化飞跃发展的基础上进一步总结升华，出现了文化全面提升的昌盛局面。

造纸术的发明，是这一时期中国推动人类文明发展的最突出的贡献。中国的文字最初出现在陶器、甲骨、青铜器上，后来又书写于竹简、缣帛上，这些书写材料有的太笨重，有

西汉麻纸地图，甘肃天水放马滩出土。

东汉陶船，船尾有舵，是已知最早呈现用舵情景的冥器。

的太昂贵，不利于文化传播。西汉初期，工匠在煮蚕茧捶打成丝棉的过程中，发现残留的丝棉薄膜晾干后可用于书写。人们从中得到启示，改用麻等为原料，制造出最早的植物纤维纸，但仍比较粗糙，不太适合书写。东汉时，宦官蔡伦改用树皮、麻布、破布、旧渔网等为原材料，制造出材料易得、物美价廉的纸张，人称"蔡侯纸"。从此，纸开始被大量生产，并成为普遍的书写材料。

中国的造纸术最先传到朝鲜和越南，7世纪传入日本，8世纪传入阿拉伯国家，并于12世纪从阿拉伯国家传入欧洲，为世界各国的文化传播、积累和交流发挥了重要作用，深刻地影响了世界文明的发展进程。

汉代冶铁业继续处于世界领先地位。人们发明了淬火技术，用煤作为冶铁的燃料。东汉时进而用水力鼓风冶铁，低温炼钢技术也已发明推广。在造船技术方面，发明了推进效率更高的橹、灵活掌握航向的船尾舵、借助风力的布帆和稳定停泊的锚，表明航海技术已臻成熟。东汉晚期烧制的精美青瓷，标志中国率先发明的制瓷技术也已进入成熟阶段。织绣工艺水平提高，品种日益丰富，花色图案精美，大量丝绸输往东亚、欧洲各国，被罗马人誉为"天下第一织物"。在天体测量方面，东汉张衡创制了世界上最早利用水力转动的"浑天仪"。他发明的"候风地动仪"，可以准确地测出千里之外的地震方位，比欧洲人制作的地动仪早1700多年。

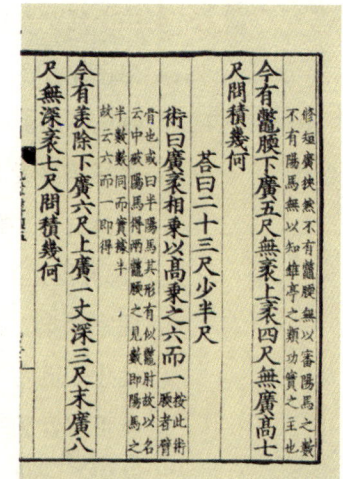

张衡地动仪（模型）

刘徽《九章算术注》书影

与以证明定理为中心的希腊古典数学不同，中国古代数学以创造算法特别是各种解方程的算法为主线。成书于西汉时期的《周髀算经》，首先记述了"勾三股四弦五"这一几何学中勾股定理的一个特例，比西方早了约500年。东汉时期的《九章算术》是先秦至汉代数学成就的总汇，被尊为"算经之首"。书中记载了与生产实践密切相关的田亩、粮食、交易、仓库体积、土方、赋税等应用问题的计算方法，总结出正负数运算和一元二次方程解法。它的出现，标志着中国以算筹为计算工具、运用十进制记数

华佗像

系统计算的古代数学体系的形成。《九章算术》在隋唐时传入日本、朝鲜和越南等国,其中的许多内容还传到了印度、阿拉伯和欧洲。

汉朝涌现出诸多名医和经典医著。西汉编定的《黄帝内经》是中医学理论的奠基性著作,包括《素问》和《灵枢》两部分,共18卷162篇,重点论述人体生理、病因、诊断等基本理论,兼论针灸、经络、保健等内容。东汉《神农百草经》作为战国以来药物知识的总结,奠定了中国后世药物学的基础。"医圣"张仲景在《伤寒杂病论》中提出三因致病、六经分证、辨证论治等一整套中医学理论,奠定了中医治疗学的学理基础。"神医"华佗发明世界上最早的麻醉药——麻沸散,实施了中国历史上最早的腹腔手术,并创立"五禽戏"以运动健身。

顺应大一统历史潮流,秦汉时期的官方主流思想经历了从战国百家争鸣到定于一尊的变迁。

战国时期法家思想被嬴政奉为推进改革的锐利武器。统一之后,在贬抑儒家和部分吸收诸子思想的基础上,法家思想占据了秦朝指导施政的统治地位。西汉初年,经济残破,百废待兴。为适应休养生息政策的需要,思想领域较为宽松,盛行清静无为的黄老之学。汉武帝时期,随着政局稳定,国力昌盛,加强了思想控制的力度。儒家代表人物董仲舒针对"师异道、人异论、百家殊方"影响君主一统的状况,提出除儒家经典、孔子学说外,"皆绝其道,勿使并进",这样老百姓才知道应该遵从什么。汉武帝接受了董仲舒的建议,将"罢黜百家,独尊儒术"立为国策。董仲舒的汉代新儒学实际上是以孔子维系尊卑等级正名分的政治观和《公羊春秋》大一统思想为基础，糅合阴阳家、道家、法家等思想而形成的新的思想体系。董仲舒宣称"道之大原出于天，天不变道亦不变"，并依据"天人感应"理论，宣扬君权神授、皇权至上；同时也以此警示，如果人君无道，天就会降下灾异加以谴责和威慑。因此人君必须遵循天道，实行仁政。新儒学强调君王施政应以德为主，以刑辅德，并提出仁、义、礼、智、信"五常之德"为人伦道德标准；而"君为臣纲"、"父为子纲"、"夫为妻纲"则为天经地义、绝对不能改变的"王道之纲"。"罢黜百家，独尊儒术"是中国思想史上的一件大事。儒学在政治上占据统治地位，有利于巩固大一统国家和稳定社会秩序。从此，儒学成为各级学校必修的重要内容和朝廷选官的考查标准，从而确立了它在中国传统文化中的主流地位。

汉画像石刻：讲经

司马迁的《史记》和班固的《汉书》，是大一统时代孕育的两部史学名著。汉武帝时期担任过太史令和中书令的司马迁，博采前代史书与诸子百家著述，利用国家收藏的档案，并结合亲自采访和实地调查，撰写成中国历史上第一部纪传体通史《史记》。全书130篇，50余万字，记述了从传说时代的黄帝到汉武帝时期约3000年的主要史事，"究天人之际，通古今之变，成一家之言"。《史记》开创了以本纪、表、书、世家、列传相配合综合反映历史事件、制度、人物活动及社会变迁的传统，成为后世编写史书的典范。东汉班固撰写的《汉书》则是断代史的

司马迁像

秦始皇陵陪葬坑兵马俑

开山之作,对西汉社会变迁全貌的展现尤为详细、精到。

汉代的文学成就,主要体现于汉赋与乐府的创作。汉赋结合了先秦《诗经》的理性精神和楚辞浪漫主义表现手法,是一种专重铺陈排比、文采华丽的带韵散文。司马相如、扬雄等是当时最有名气的汉赋大家,他们的作品展示了汉代恢宏进取的大一统时代精神。乐府本是汉武帝时设立的音乐机关,后来把乐府机关采集、整理、保存的诗歌称为乐府诗。乐府诗继承和发扬了《诗经》中民歌的优良传统,语言生动活泼,形式朴实自然,生活气息格外浓厚。

秦始皇陵彩陶群塑兵马俑,以其精巧细腻的艺术造型和恢宏壮观的整体规模,体现了秦汉时代艺术的高度成就。近万件模拟真人真马大小的兵马俑千姿百态,气韵生动。在1.4万多平方米的一号陪葬坑中,布列着由约6000兵马俑、40余乘战车和约160匹驾车战马组成的庞大军阵,以排山倒海之势向东方"挺进",宛如一支复活的军团,再现了秦军逐鹿中原、横扫六国的雄风,折射出开拓进取的时代风貌和大一统帝国的鼎盛辉煌。

魏晋南北朝：政权分立与民族汇聚

三国鼎立与南北朝对峙

公元220年至589年，是中国历史上的三国两晋南北朝时期。这一时期政局动荡，群雄并起，北方少数民族进入中原，国家陷入长期分裂割据和南北对峙的局面。

导致军阀割据混战的重要原因是东汉以来豪强地方势力恶性膨胀。刘秀建立东汉王朝后大封功臣、外戚，一些名门望族垄断朝廷重要官职，一门数侯，累世尊贵显达。他们利用政治特权疯狂兼并土地，建立起遍布全国的坞堡庄园。破产流亡的农民被迫投附豪强地主门下充当佃客、徒附。这些坞堡庄园主政治上享有特权，横行乡里，经济上役使徒附，自给自足，并构筑起高墙深沟、碉堡望楼，拥有家兵和私人武装。他们乘汉末政局混乱扩充实力，形成许多割据一方的豪强军阀集团，互相争霸攻战。其中曹魏、蜀汉、孙吴三强

三国鼎立图

> 魏晋南北朝：政权分立与民族汇聚

《赤壁图》。赤壁之战对于三国鼎立局面的确立具有决定性的意义。

逐渐脱颖而出，形成三国鼎立局面。

曹操于汉末灵帝时任典军校尉，参加过讨伐乱臣董卓的联军。后击败青州黄巾农民起义军，收降30余万兵卒，整编成精锐的"青州军"。196年迎回被董卓挟持的汉献帝，迁都许县（今河南许昌），取得了"挟天子以令诸侯"的有利地位。200年于官渡以少胜多击败袁绍军队，荡平大河南北。继而征服辽西乌桓，基本上统一了北方。208年，曹操率军南征，在赤壁被孙权、刘备联军打败，形成三足鼎立格局。曹操退回北方，先后占领关中、凉州，向西北扩大了统治区域。曹操在政治上招贤纳士、唯才是举，加强中央集权，压抑不法豪强，严禁土地兼并。经济上推行屯田制和租调制，大规模招募流亡农民屯田垦荒。长期遭受战火摧残的北方经济得以迅速发展，一扫"白骨露于野，千里无鸡鸣"的凄凉，呈现出"家家丰足，仓库盈溢"的景象。220年曹操死后，曹丕废汉献帝称帝，改国号魏，史称曹魏。

刘备本为汉宗室之后，早年家道中落，后投靠荆州牧刘表。刘备心存大志，为谋求霸业，四处延揽人才。他三顾茅庐，请出在荆州隆中避难隐居的诸葛亮为其谋划辅佐。刘表病逝后，刘备控制了荆州。211年进兵汉中，进而入蜀占据益州，稳固了在西南地区的霸业。221年，刘备以皇族正统自居，于成都称帝，史称蜀汉。蜀汉在丞相诸葛亮辅佐治理下，政治较为清明，尤其注重协调与地方少数民族的关系，并在经济上劝课农桑，大力发展冶铁、纺织等手工业，使西南地区得到较大开发，与中原文化的联系更加紧密。

孙权依靠江南大族豪强，继承父兄在江南的基业，凭据天险隔江与曹魏对峙，倾力在长江以南拓展。他择机将刘备势力挤出荆州，并占据岭南，向东南扩展了势力范围。229年，孙权称帝，定都建业（今江苏南京），国号吴，史称孙吴。孙吴在开发相对落后的江南经济方面成绩显著。

魏蜀吴三国实现了区域性统一，各自对推动当地社会发展作出重要贡献，其中曹魏最为强大。蜀汉政权在诸葛亮死后，宦官专权，政治腐败，国势渐衰，263年为曹魏所灭。曹魏在明帝死后大权旁落，266年权臣司马炎废魏称帝，改国号晋，史称西晋。孙吴末代君主孙皓荒淫残暴，民怨沸腾。280年西晋灭吴，统一了全国。西晋的统一维持了30多年，因士族官僚腐败，又兼分封宗室导致八王之乱，互相砍杀混战，激化了阶级矛盾和民族矛盾，316年为北方少数民族政权所灭。317年西晋皇室残部迁至江南，定都建康（今江苏南京），史称东晋。东晋偏安江南，延续约100年。420年刘裕废晋自立，

西晋·持刀陶俑，湖南长沙出土。这是西晋武吏或士兵的形象。

> 魏晋南北朝：政权分立与民族汇聚

南朝·贵妇出游画像砖

改国号宋。此后至589年，江南地区宋（420—479）、齐（479—502）、梁（502—557）、陈（557—589）相继更迭，总称南朝。

从304年起，大体与东晋偏安江南同时，北方先后出现十几个少数民族政权，统称十六国时期。439年，鲜卑族拓跋氏建立的北魏统一黄河流域，后又几经分裂、更迭，先后出现东魏（534—550）、北齐（550—577）、西魏（535—556）、北周（557—581）等政权，史称北朝。北朝与南朝南北对峙，合称南北朝。

剧烈的社会动荡和长时期的战乱，导致三国两晋南北朝时期国家分裂，经济衰退，社会文明遭到严重摧残。但经历三个多世纪曲折反复之后，北方诸多民族在分立政权的冲突与交往中逐渐汇聚，南方经济获得空前发展，为国家在更高层次上重新统一打下坚实基础。

江南地区的发展

中国古代因生态环境差异，秦汉时期已形成龙门碣石以北的畜牧业区、黄河流域中原的传统农耕区以及长江流域的江南地区三大主要经济区。不同区域之间呈现出经济发展不平衡和多样互补的特点。包括今河南、山东、河北三省及晋南、苏北、皖北等部分地区的中原地区,自然条件优越,开发较早,是中华文明的主要发祥地,长期处于全国经济重心地位。而江南地区因气候炎热潮湿,丛林沼泽密布,民众多以"渔猎山伐"为业。秦汉时期江南一些局部地区得到初步开发,但包括楚越一带,依然地广人稀。至东晋南朝时期,江南"火耕而水耨"的原始落后状况迅速改观,全国的经济重心开始南移。

魏晋之际正值中国古代第二个寒冷期,气候变冷、过度开垦和战争的破坏,使黄河流域农业生态环境迅速恶化。相比之下,江南气候酷热的状况有所缓解,尚待开发的资源极为丰富,蕴藏着发展经济的巨大潜力。

西晋南迁后,依托长江天堑,有效地阻止了北方游牧民族南侵的步伐。特别是383年淝水之战,氐族前秦80万大军大举南侵,在东晋8万军队坚守反击下全军崩溃,狼狈北逃,使江南地区免遭摧残,为江南经济持续发展提供了相对安定的环境。

南朝陶牛车画像砖

西晋时期的八王之乱以及游牧民族乘乱内迁，使北方陷入长期混战之中，中原地区大批民众举族渡江南下。从西晋末年至南朝初期的 170 年间，南渡人口多达 90 余万，占当时南方总人口的 1/6。中原人口的南迁，向南方输入了大量劳动力，带来先进工具和生产技术，为江南经济的发展注入强大的动力。大量从未耕耘过的土地被垦辟为良田，各地陆续兴修了许多水利灌溉工程，普遍使用铁犁牛耕，深耕细作，形成稻麦兼种的作物体系。北方工匠大批南迁，带动了南方丝织、冶铸、制瓷等手工业的兴盛，商业、城镇也随之繁荣。据《宋书》记载，南朝时江南已经"地广野丰，民勤本业，一岁或稔，则数郡忘饥"，发展成全国最为繁盛之地。中国古代的经济重心开始从北方黄河流域向南方长江中下游地区转移。

北方的民族汇聚

北方少数民族和汉族之间的民族关系，是影响中国古代历史发展的一个重要因素。自东汉以来，北方和西北方匈奴、鲜卑、羯、氐、羌等少数民族被招抚或强制迁往内地，普通民众多沦为汉族地主的佃客，或编入军队，甚至掠卖为奴婢，加剧了民族矛盾。在反抗汉族统治者斗争中，匈奴等少数民族逐渐崛起，乘汉族统治集团内乱，不断向中原推进。魏晋之际北方各少数民族内迁，已达到"西北诸郡，戎狄居半"的规模。内迁游牧民族仍保留原部落组织，聚族而居，在乱世中纷纷建立民族政权。他们既反抗压迫，也扩充势力、争夺财富、互相攻战，加剧了社会动荡与战乱。另一方面，各族内迁时多已成为国家编户，主要从事农业生产，与当地居民杂居通婚，交往频繁，逐渐出现融合趋同倾向。

通过长期混居、冲突与交往，少数民族政权普遍认同中原文明，以华夏后裔自居，不同程度仿效汉魏以来中原的政治制度和经济政策。其中匈奴贵族刘渊熟读儒家经典和《史记》、《汉书》、《孙子兵法》，他自称是汉朝皇帝的外甥，建国号汉。继位的刘聪同样精通文史，擅长草隶书法，著有诗赋百余篇。前秦苻坚宣称"混六合以一家"，重用汉官，礼遇各族上层人士，大兴儒学，全面推行汉制。鲜卑族建立的北魏统一北方后，经孝文帝改革，进一步加快了民族融合的步伐。

北魏统一北方之初，保留了较多落后的传统。征战掠抢时，驱使汉人及其他少数民族充当步兵在阵前冲锋，鲜卑骑兵则在后督阵，并任意纵马践踏。经济上残酷压榨，"所求不获，则致诛殒"，激起强烈反抗。受过中原文化熏陶的汉人冯太后，以太皇太后的身份策动孝文帝拓跋宏实施改革。为了顺利推行改革，更好地接受中原文明，孝文帝把都城从地处边塞的平城（今山西大同）迁往中原数朝古都洛阳。迁都之后，孝文帝摆脱旧贵族阻挠，大力推行汉化政策，政权机构、礼仪、典章等一律实行汉制。在生活习俗方面，禁穿胡服，禁说鲜卑语，规定30岁以下的官员不改说汉话，将受到降职和罢官的处罚。孝文帝还下令鲜卑人改用汉姓，禁止鲜卑族同姓通婚，提倡鲜卑族与汉族联姻。在改革中，孝文帝以身作则，将皇族的姓氏"拓跋"改为"元"，自己改名为元宏，并带头娶汉族大臣的女儿为皇妃，将自己的

上图：嘉峪关魏晋画像砖·耙地

下图：嘉峪关魏晋画像砖·驿使

女儿嫁给汉人。经过这次政治、经济、文化和风俗习惯的全面改革,北朝终于完成了民族融合的历程。一向视江北为夷狄蛮荒之地的南朝将领,在出使北方后也不禁感叹:"昨至洛阳,始知衣冠士族并在中原,礼仪富盛,人物殷阜。"

魏晋南北朝时期,世界范围也经历了巨大变化。印度笈多王朝兴起,安息为波斯帝国所灭,辉煌的古罗马文明因异族入侵而中断。中国虽也经历了长期分裂混战,但中华文明仍在曲折与反复中得到延续和发展。不但南方经济空前繁盛,北方内迁各少数民族也在冲突中逐渐汇聚,纷纷皈依中原文明。北魏实行的均田制,在维系官僚地主占有土地状况前提下,按照户籍人

洛阳龙门石窟孝文帝汉服出御图

北周时期敦煌壁画,展现了当时丝绸之路上商旅往来的情景。

口向农民分配田地，较好地解决了土地和劳力相结合的问题，对中原地区的生产方式作出了重大创新和推进，在历史上产生深远影响。胡食、胡服、胡床和别具风情的北方少数民族音乐舞蹈，以及先进的牲畜选种、改良和畜病防治技术等草原文化的因子也逐渐融入汉族人民生活之中，使中原文化得到丰富和发展。以孝文帝改革为标志实现的民族融合，为帝国在更为广阔和更高的层面上重新统一奠定了坚实的基础。

异彩纷呈的魏晋南北朝文化

魏晋南北朝时期中华文明的延续和发展还表现在科学技术和思想文化领域。不论农学、数学、地理学，还是书法、绘画、雕塑等方面，都超越秦汉，发展到新的高峰。

这一时期，在生产技术方面发明了把生铁和熟铁合炼成钢的灌钢法，创制出高效的灌溉工具翻车，培育出一年八次出茧的优良蚕种。人们还开始利用石油、天然气照明，甚至作战时用于火攻。

北朝贾思勰著述的《齐民要术》，系统地总结了黄河中下游地区农耕、畜牧、捕鱼等生产经验，以及食品加工和贮藏技术，是中国现存第一部完整的农书，也是世界首部农学"百科全书"。

北魏地理学家郦道元为前人著述作注，写成《水经注》。全书30多万字，详细记录1250多条河流及其沿途山川形胜、郡县沿革、物产、风土人情、历史与传说等。《水经注》不仅是一部优秀的综合性地理著作，还具有很

《齐民要术》书影

高的史学和文学价值。

南朝宋、齐之际的科学家祖冲之,精确地计算出圆周率在3.1415926和3.1415927之间,比欧洲人早了约1000年。他制定新历法《大明历》,测定出一年实际天数为365.24281481天,误差不到50秒。祖冲之还精于机械制造,成功复制久已失传的指南车,创制了日行百里的"千里船"和水碓磨等。为了纪念祖冲之对世界科学文化作出的伟大贡献,20世纪60年代国际天文学家联合会把月球上的一座环形山命名为"祖冲之山"。

祖冲之像

东汉王朝的崩解和乱世的剧烈动荡,使魏晋南北朝时期儒学失去一统天下的独尊地位。法家思想和玄学思潮相继兴起,本土宗教道教和两汉之际传入的佛教也格外兴盛,对沉迷于荒诞谶语和僵化教条的儒学发起了挑战。

魏晋之际兴起的玄学思潮崇尚老庄,标榜"以无为本"、"道法自然"。嵇康、阮籍等人不拘礼法,形迹放荡,公然宣称"非汤武而薄周孔",越名教而任自然。玄学一时成为显学,推动了哲理思辨的发展和个性释放的浪潮。至后期,玄学逐渐流为"矜高浮诞"的虚玄清谈。

佛教于两汉之际从古印度传入中原,魏晋以后得到广泛传播。佛教标榜众生平等,同时又宣扬生死轮回、因果报应,告诉人们只要忍耐痛苦努力修行便可在来世得到幸福。这种教义有利于维护现存的等级秩序,为信徒提供了精神寄托,对乱世中挣扎的贫苦民众尤其具有吸引力。至南北朝时佛教进入鼎盛时代,如唐人杜牧诗句所描绘的,"南朝四百八十寺,多少楼台烟雨中";北朝极盛时佛寺更多至3万余所,僧尼300万人。佛教的传播对中国传统文化产生巨大冲击,注入了新的因素，在思想文化、文学艺术等方面产生了广泛而深刻的影响。

道教创立于东汉末年，是由道家思想结合民间神仙方术而成的本土宗教。后经东晋葛洪改造，提升至官方化地位。道教倡导修道、炼养，使人长生不老、得道成仙。南朝陶弘景进而建构起自玉皇大帝至城隍、灶君等的神仙体系，对古代民间的影响极其深远。

玄学、佛教和道教的相继兴起，冲击着繁琐僵硬的儒家经学，思想领域呈现开放、多元、充满活力的景象，逐渐形成儒、佛、道三家并立互补的局面。

魏晋南北朝王纲解纽，纲纪荡然，催动一批特立独行的士人觉醒。他们冲破思想羁绊，佯狂醉酒，纵情山水，张扬个性，在创作中任情宣泄个人的生活体验、情感和审美追求，成为风行一时的"魏晋风度"，将中国古代的文学艺术，特别是书法绘画发展到一个新的高度。

魏晋南北朝时期，书法成为士人表达自我对意境、神韵、风骨追求的理想形式，汉字书写发展为自觉的书法艺术。东晋王羲之被誉为"书圣"，他的《兰亭序》气韵高雅、飘逸潇洒，代表了晋人书法"尚逸"的精神，被誉为"天下第一行书"。

东晋·王羲之《兰亭序》

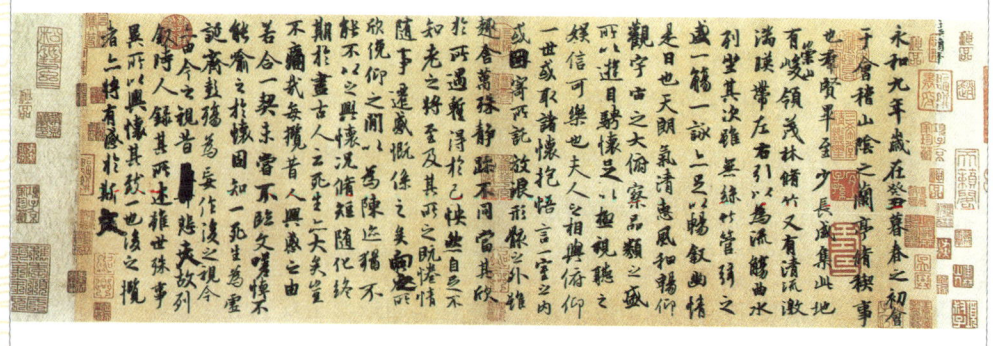

> 魏晋南北朝：政权分立与民族汇聚

魏晋时期是中国画发展的第一个重要阶段，开始出现突显个性的文人画。魏晋士大夫崇尚清谈高论，人物品评尤重风骨。东晋著名画家顾恺之的画作正是这种风骨精神的代表。他主张画人物要"以形写神"，特别注重表现人物的特征。他为建康瓦官寺画佛像，经最后点睛传神，围观者均为之倾倒，纷纷向寺院施舍。

东晋·顾恺之《洛神赋图》（局部）

因与西域少数民族及国外频繁交往，魏晋南北朝时期的音乐舞蹈、石窟雕塑艺术格外丰富多彩。其中综合雕塑和绘

山西大同云冈石窟，始凿于北魏兴安二年，大部分完成于北魏迁都洛阳之前。

画艺术的石窟造像，集中体现了那个时代的最高艺术成就。开凿于北魏初期的平城（今山西大同）云冈石窟群，规模宏大，现存佛像和飞天5万余尊，最大的佛像高13.7米，"雕饰奇伟，冠于一世"。云冈造像的风格较多体现印度佛教艺术的影响，佛像高鼻深目，神情凝重，表现出西域"胡人"的特征。河南洛阳龙门石窟开凿于北魏孝文帝迁都之后，今存的数千洞窟和壁龛中1/3为北朝开凿。佛像肃穆慈祥，衣纹飘动流畅，更多体现了中原文化的风采。

　　魏晋南北朝时期的思想文化，并未因三国鼎立、南北对峙而中断，反而因士人的觉醒而更为活泼开放，并且呈现出以中原文化为主体、多元碰撞交融的特点，在中国古代历史上留下了独特的印记。

隋唐：繁荣与开放的盛世

隋的统一与兴亡

公元6世纪后期至10世纪初的隋唐时期，中国再度建立起大一统帝国，进入蓬勃兴旺的隆盛时代。

581年北周外戚杨坚代周称帝，改国号隋，定都长安（今陕西西安）。隋文帝杨坚出身于汉族军事贵族集团，是鲜卑大贵族独孤信的女婿，又是7岁继位的北周静帝的外祖父，其家族本身就是当时民族融合状况的缩影。杨坚的身边团结了一批汉族官僚和汉化很深的鲜卑贵族，又兼皇亲国戚的身份，受命辅政，位高权重，使隋周政权得以顺利更迭，成为北朝第一个为少数民族所接受的以汉人为首的政权，这表明南北战争的性质已从民族战争转为统一战争。

589年正月隋文帝派杨广率50万大军渡江灭陈，仅用八天时间便一举攻克建康，在分裂近400年之后重新统一南北。隋朝在比秦汉更为广阔、深厚的基础上，即在黄河、长江两大经济区域相结合的基础上实现统一，大大加强了南北政治、经济、文化联系，推动了社会经济迅速发展。

隋统一后，隋文帝和后来继位的隋炀帝杨广励精图治，推行一系列政治、经济改革，进一步加强中央集权，发展社会经济。炀帝即位之初，便顺应大一统形势的需要营建东都洛阳，以解决长安位置偏西的不足，更好地发挥洛阳经济中心的作用。与此同时，又以洛阳为中心，开凿北通涿郡（今北京通州）、南抵余杭（今浙江杭州），全长2000多公里的大运河，其中主要渠道可通行长100米、高22米的大船。大运河连接起海河、黄河、淮河、长江和钱塘江五大水系，"运漕商旅，往来不绝"，成为紧密沟通南北政治、经济、文化的重要动脉，对于巩固统一和促进沿岸地区的城镇发展起了重要

> 隋唐：繁荣与开放的盛世

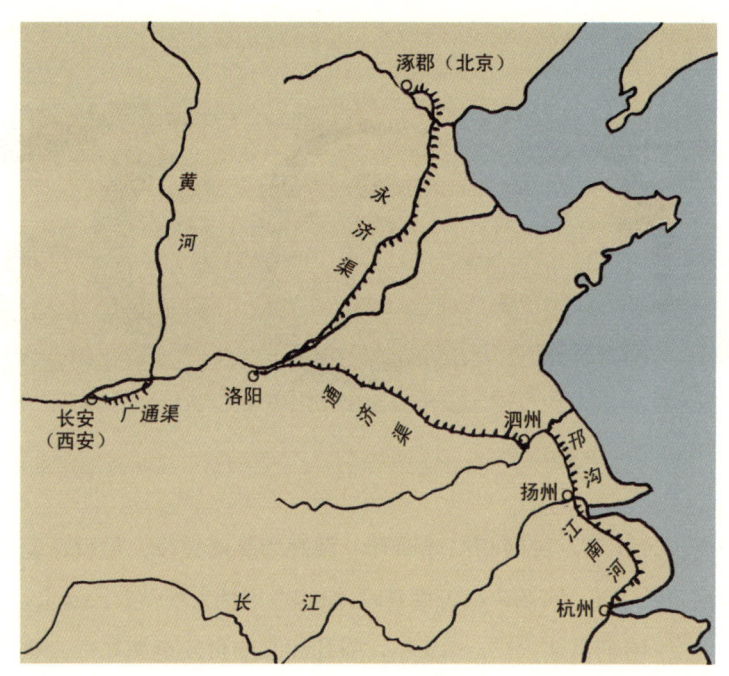

隋运河图

作用。

　　隋朝至炀帝前期，疆域辽阔，国力强盛，人口数量和垦田面积大幅度增长，国家储粮的官仓可容数百万乃至上千万石粮食（一石约合50公斤）。此外还广设义仓，以备灾年赈济。隋文帝末年，"天下储积得供五六十年"。隋炀帝时，东都的布帛堆积如山。直至唐朝建立20年时，隋朝的库藏尚有积存。元代史学家马端临甚至发出"古今称国计之富者莫如隋"的赞叹。

　　隋炀帝锐意革新，卓有建树。他所兴办的大型工程以及推行的政治、经济改革，大多具有战略意义，开启了后来唐代的盛世局面。但他好大喜功，不恤民力，连年役使数百万人大兴土木，多次发动攻打高丽的战争，导致田地荒芜，尽

杭州拱辰桥，大运河第一桥。

管国库充足，民间却饥馑遍野。百姓为躲避徭役、兵役，竟至自断手足。隋炀帝的苦役暴政，激起全国性大规模农民起义，隋朝迅速灭亡。618年，乘乱起兵的贵族李渊称帝，建立唐朝，定都长安。

唐前期的盛世辉煌

唐太宗像

　　626年，在建立唐朝和统一战争中功勋卓著的李世民继位，次年改元贞观。庞大的隋帝国顷刻坍塌的教训，使唐太宗李世民深受震撼。他认识到天子"有道则人推而为主，无道则人弃而不用"，为此先后放6000名宫女出宫，一生不封禅，不求仙，不巡游。他还广开言路，兼听纳谏。大臣魏征常以隋亡为鉴，当众批评他的缺失。太宗盛怒之下曾向皇后表示早晚要杀掉魏征，但终究还是宽容大度地接受批评，由此在君臣之间形成开明宽松的政治气氛。

　　唐太宗认为"致安之本，惟在得人"。他以宽广的胸襟和独到的目光,不拘一格,不计前嫌,广招人才。其中既有原起义军将领、隋朝旧部,也有政敌的心腹,还有一些出身寒微的庶民。这些谋臣猛将对于制定和贯彻贞观新政、扩大统治基础、稳定政局起到了重要作用。

唐太宗执政时期,认真吸取隋朝兴亡的经验教训,确立了一系列稳定社会、发展经济的方针政策,努力调整生产关系、社会关系和统治集团内部关系,促成政治清明、升平富足,史称"贞观之治",为唐朝步入强盛奠定了基础。

继承太宗皇位的高宗李治仁懦多病,多由皇后武则天协理政务。高宗死后,武则天于690年称帝,成为中国历史上唯一的女皇帝。武则天实际掌握政权长达半个世纪之久。武则天父亲是早年追随高祖李渊起兵而暴发的新贵,但在世家大族眼中却地位寒微,高宗废王皇后改立武后时,即曾遭到元老重臣强烈阻挠,在非士族出身大臣的支持下,武则天才得以以皇后身份登上政治舞台。武则天掌权后,在编订排列氏族高低的官修谱牒《姓氏录》时,规定无官不录,即使士兵因军功升至五品以上也可列入其中,而无官职的世家大族则被排除在外。她还重用酷吏,罗织罪名,诛杀抱有反抗意图的宗室贵戚数百人、公卿重臣数百家,借此打破大族垄断高官、控制政局的局面。与此同时,武则天大开科举,亲自策问考生,不拘一格选拔普通地主中的优秀人才。初唐四杰之一骆宾王曾撰《伐武曌檄》,指责她豺狼成性,"人神之所同嫉,天地之所不容"。武则天非但不恼,反而盛赞骆宾王的才学,表示让这样的人才流落,是宰相的过错。

武则天,中国古代唯一的女皇帝,在位15年,实际执政近50年。

蒲津渡唐开元铁牛。开元年间,官府耗铁约160万斤,铸成铁牛、铁人、铁山及铁柱,以之为地锚,在蒲津渡黄河两岸建造浮桥。山西的盐、铁、煤等物资由此源源不断越过黄河,运往长安。

武则天执政时期,继承贞观年间国策,奖励农桑,轻徭薄赋,谨慎用兵,经济持续上升发展。据《唐会要》记载,在她执政前的652年全国户口380多万户,到705年她退位时已上升到615万多户。

712年,唐玄宗李隆基继位。玄宗统治前期,坚持改革政略,整肃吏治,发展生产,社会经济高度繁荣,粮食丰实,米价低廉,人口增至1000多万户。制瓷、纺织、冶铁等手工业在产品种类、生产规模、工艺技术方面都超越前代。其时国家空前繁荣富强,史称"开元盛世",是中国古代出现的又一鼎盛时期。

承前启后的隋唐新政

唐前期的盛世辉煌是当时经济、社会关系发展的成果。以曲辕犁、筒车为代表的犁耕和水利灌溉技术,使个体农民获得更大自主性,推动精耕细作型小块土地经营高度发展,大批庶族中小地主迅速崛起。而南北朝以来门阀士族由于自身腐朽僵化,又经隋末农民战争猛烈扫荡,日渐衰败。建立在个体农耕基础上的庶族地主阶级终于冲破豪门大族世袭垄断,在国家政治生活中发挥重要作用,由此开启了一系列影响深远的制度创新。

隋唐时期确立的三省六部制,是古代中国中央官制的一次重大变革。中书省、门下省、尚书省三省是国家最高政务机构,分别负责决策与草拟诏令、审议、执行政务。尚书省

> 隋唐：繁荣与开放的盛世

下设六部，吏部掌管官员任命与考核，户部掌管土地、户籍、赋税、财政，礼部掌管礼仪、典礼、祭祀、学校、科举等事务，兵部掌管武选、兵籍、军令、军械，刑部负责律令、司法、刑狱，工部负责土木水利工程、屯田、交通等事务。三省长官同为宰相，一起议事办公，协助皇帝统治全国，既分解了原来丞相的事权，又集思广益，互相补充制衡。六部分工明确，剥离之前九卿管理皇家事务的职能，成为正式国家政务机构。

唐朝强化了对朝廷重大决策乃至皇帝诏旨监督驳正的谏议制度，三省中的门下省即专门负责审议封驳。贞观年间，还推行"五花判事"制度，举凡军国大事，须经相关部门官员会签，再奏请皇帝裁决。为保证行政效率，特别规定对稽延会签时限的官员处以笞刑惩罚。

隋唐时期实行的三省六部制，确立起完备、严密的政权机构体系，进一步强化中央集权，提高行政效率，基本上为此后历朝所沿袭。

魏晋南北朝时期选官注重门第，士族子弟虽无才学，不思进取，照样官至公卿，世代垄断高官显位。隋唐时期，新兴庶族地主阶级在国家政治生活中发挥重要作用，由此确立起科举选官制度。科举制由中央统一通过定期分科考试选拔官吏，强调以才能作为选官的标准。科举考试的主要科目是进士与明经。明经科主要考"帖经"，测试记诵经义的能力。进士科主要考诗赋和时务策，侧重考察治理政事和解决社会问题的

唐代文官俑（左）、武士俑（右）

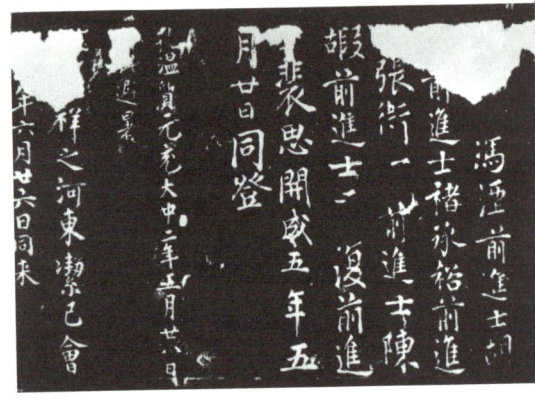

左图：西安大雁塔，建于唐高宗永徽三年（652）。唐朝新科进士将姓名刻在大雁塔碑石上，谓之"雁塔题名"，被视为士子的最高荣誉。

右图：大雁塔进士题名帖拓本

能力。考中的士子还要通过吏部的进一步考核，选拔其中优秀者授官。另一条入仕途径是先在地方充当幕僚历练，经长官推荐，也可正式做官。

隋唐时期确立的科举制度，打破豪门大族世袭垄断仕途的局面，扩大了中央政权的社会基础，为社会发展注入生机勃勃的活力。科举制度创造出相对客观、平等、公正的选拔机制，确保源源不断吸纳高素质人才，为国家机构持续保持活力和稳定高效运行提供了制度保障。

唐代的法律在隋开皇律基础上删繁就简，化重为轻，对判处死刑十分审慎，要求行刑前须复奏五次。唐高宗时解释律文的《唐律疏议》是中国现存最早的一部完备的法典，不仅为后世法律所本，而且在历史上对亚洲各国产生了重大影响。

唐前期在继续实行北魏、隋以来均田制的基础上有所调整，取消了奴婢、部曲（介于奴婢与良人之间的社会阶层）、耕牛受田的规定，对豪强经济有所限制；同时对五品以上官员和因战功授勋者，分别按品级、勋级授予一定土地，成为扶植新兴地主阶级的重要手段；放宽对永业田、赐田等部分土地买卖的限制，有利于土地私有制的发展。在赋役制度方面，普遍实行以庸代役，即用交纳绢或布代替服役。唐中期，因土地兼并、人丁户籍不实，均田制瓦解。朝廷改租庸调制为两税法，加快了土地私有化进程和庶族地主经济的发展。两税法规定，不再按人丁课税，而是按每户财产、田地多少交纳不等的赋税，从而放松了对农民的人身控制。此外，从过去交纳实物为主改为交纳货币为主，并规定贵族、官僚、商人都要交税，以扩大税源，增加财政收入。这些原则基本为后世沿袭。

唐代敦煌壁画·小农耕作图

隋唐时期的这一系列重大制度变革，体现了新兴庶族地主经济的发展和他们的政治追求，开启了后世社会发展的新趋向，使隋唐成为中国古代承前启后的重要转折时期。

胡汉"和同为一家"

隋唐时期多民族国家重新实现大一统局面，中央与边疆少数民族地区联系更为紧密。唐太宗表示，"自古皆贵中华，贱夷狄，朕独爱之如一。"贞观年间在击溃漠南东突厥之后，采取"全其部落，顺其土俗"的政策，仍以突厥贵族为都督、

唐疆域图

将军管辖部众，保留其原有的民族习惯和生活方式。同时有近万家突厥人迁居长安，其中百余突厥首领被授予五品以上高官。此后唐在西域地区设安西都护府，武则天时又置北庭都护府，分治天山南北。

在开明政策感召下，西北各部首领尊称唐太宗"天可汗"，拥戴为共同的君主。贞观后期漠北回纥等十多部相继归附，在大漠南北专门开辟了一条"参天可汗道"。朝廷在沿途设驿站68处，招待来往使者，并为商旅提供方便。此后肃宗、德宗、穆宗时都曾将公主远嫁回纥可汗和亲。

唐太宗还答应青藏高原吐蕃首领松赞干布的请求，将文成公主嫁给他。文成公主入藏时，带去许多手工艺品、谷物、菜籽、药材、茶叶以及100多种生产技术、医药书籍，使吐蕃"渐慕华风",大大促进当地经济、文化的发展。高宗继位后,授予松赞干布驸马都尉官职,封西海郡王。唐中宗时,再以金城公主嫁吐蕃赞普尺带珠丹,尺带珠丹上表自称"外甥",表示与唐"和同为一家"。823年唐蕃实现"长庆会盟",至今唐蕃"甥舅会盟碑"仍屹立在拉萨大昭寺门前,成为汉藏团结友好的历史见证。

7世纪中期以后,东北松花江、黑龙江流域靺鞨的黑水、粟末两部崛起。贞观年间,黑水靺鞨向唐朝纳贡。8世纪前期,唐设黑水都督府,任命其首领为都督。开元初,唐玄宗封粟末部首领大祚荣为渤海郡王,授忽汗州都督。渤海与中原关系紧密,其上京龙泉府(今黑龙江宁安市渤海镇)即仿唐长安城建筑,并仿行郡县制,采用中原先进生产技术。

隋唐时期云南洱海一带分布着六个部落——六诏。8世纪前期,唐支持南诏统一六诏,唐玄宗封南诏首领为云南王。中原工匠带去的先进技艺促进了当地经济的发展。南诏强大后与唐发生摩擦,时战时和。8世纪末,南诏重新归附唐朝。

唐·阎立本《步辇图》(局部),描绘了吐蕃赞普松赞干布遣使者到长安,向唐太宗求亲的场面。

唐代敦煌壁画，反映了当时音乐、舞蹈方面"胡汉一家"、多元荟萃的盛况。

794年，南诏王与唐朝使团于点苍山神祠会盟。此后南诏在行政机构、生产技术与社会生活等方面都深受唐朝影响，对西南地区的开发作出了很大贡献。

唐前期在边疆少数民族地区设立了800多个府、州、县，疆域东到大海，西达安西、葱岭东西等广大地区，北抵蒙古高原，南及南海，国家空前繁盛富强。在风俗习惯和艺术等方面，也体现出胡汉交流融汇的特点。中原地区的饺子等食品、丝绸面料和瓷器深受少数民族欢迎，茶叶、马匹更成为互相贸易的重要物资。在中原地区，胡服、胡食成为流行的时尚。在唐代的壁画、雕塑中，无论表现内容还是艺术风格都富有浓厚的西域色彩，舞伎和乐队大都由各民族混合组成，乐器胡汉兼用，展现出胡汉一家、多元荟萃的时代风貌。

> 隋唐：繁荣与开放的盛世

开放与交流

　　隋唐时期对外交通发达。陆路东至今朝鲜，向西经丝绸之路，通往今印度、巴基斯坦、阿富汗、伊朗和阿拉伯，并经中亚至地中海进入欧非许多国家。海路东抵今韩国、日本，西达波斯湾。唐朝鼓励交流的开放政策和陆、海丝绸之路的畅通，使这一时期的中外交流十分频繁。

　　从贞观年间开始，日本13次派出遣唐使，每批使团随行的留学生等成员数百人。645年日本发动大化革新，从政治体制、法律到土地、赋税制度，乃至都城的建造，均以唐朝为蓝本。曾经入唐学习佛法的日本学问僧空海还采用汉字偏旁创造日本字母，称为片假名。唐玄宗时鉴真和尚数次东渡日本失败，最终在66岁时第六次东渡成功。他亲自为日本天皇、皇后、

左图：鉴真塑像。

右图：玄奘取经图。

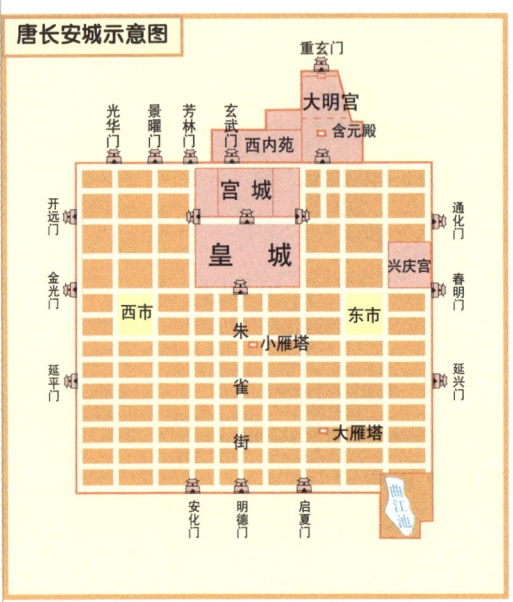

唐长安城示意图

太子及各界民众授戒,并讲授佛经,介绍中国的医药、建筑、雕塑、文学、书法、绘画等知识,对日本文化产生了重大影响。7世纪后期朝鲜半岛的新罗也大批选送留学生入唐,并仿行六部、科举等唐制,从科学技术到文学艺术、习俗风尚都深受影响,带有浓厚的唐朝色彩。

贞观初年,高僧玄奘西行,历尽艰险到达天竺,钻研佛学五年,又在许多国家周游、讲学。17年后返回长安,专心翻译佛经,并由弟子将西行见闻整理成《大唐西域记》,系统地介绍天竺佛教、历史、地理和风土人情。他还奉唐太宗之命,将老子《道德经》译成梵文。玄奘取经,促进了中印文化交流,在历史上产生了很大影响。

唐朝对外全面开放,广泛交流,与包括西亚、欧非等地在内的70多个国家保持通商往来。政府允许外国人在中国长

▶ 资料链接

威力远被的盛唐

在唐初诸帝时代,中国的温文有礼、文化腾达和威力远被,同西方世界的腐败、混乱和分裂成为鲜明的对照。

当西方人的心灵为神学所缠迷而处于蒙昧黑暗之中时,中国人的思想却是开放的,兼收并蓄而好探求的。

——(英)韦尔斯:《世界史纲》
(H. G. Wells, *The Outline of History*)

期居住、和中国人通婚、参加科举考试做官。一些外国人还曾出任朝廷武将或担任皇帝的侍从。唐都长安城面积84平方公里,人口近百万,城中规划整齐,供水、排水设施齐备,街道两旁绿树成荫,是当时世界上规模最大的国际性都会。

公元7世纪,阿拉伯人建立起横跨亚、非、欧的大食帝国,至9世纪分崩瓦解。欧洲地区处于分裂、混乱的中古时期。隋唐盛世对周边国家和地区产生了深远的影响,同时也广泛吸收外来文化,丰富和发展了中华文化,造就出开拓进取、兼容并蓄的时代风貌。盛唐长安城商贾、学子、少数民族以及域外使节、留学生云集,到处可见歌舞盛宴。妇女也盛装胡服,骑马出行,挥杆打球,参加各种社交和文体娱乐活动。社会洋溢着生机蓬勃、昂扬进取的气息。

唐三彩俑。骆驼上的人物系来自中亚的乐师和歌舞者。

璀璨的隋唐文化

隋唐时期国家统一,经济繁荣,政治开明,推动文化教育事业高度发展,建立起从中央到地方各层级,包括律学、数学等专科的完整的学校教育体系。这一时期的社会变革和制度创新,也为科技进步和文学艺术的发展注入了活力。

隋唐涌现了对人类文明发生重大影响的雕版印刷和火药两大发明。

中国古代早已掌握印章和刻石拓印的技术,受此启发,唐初发明了反文雕刻木板刷墨印字于纸的技术。贞观年间已有刻印的记载。世界上传世最早有明确时间记载的印刷品,

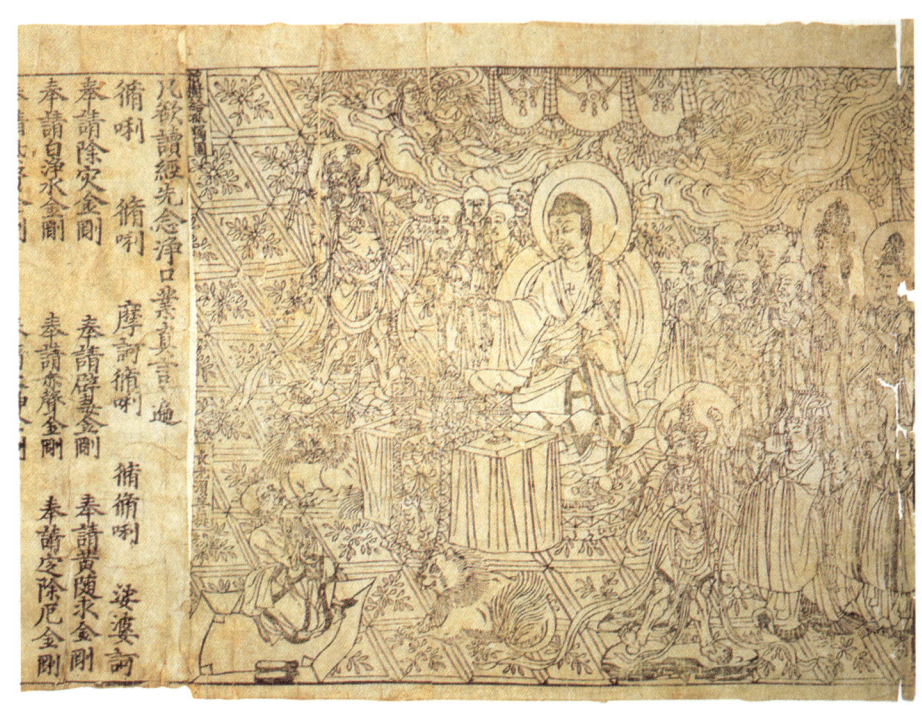

唐咸通九年(868)印刷的《金刚经》卷首插画

是唐咸通九年（868年）印刷的《金刚经》，已是刻印精美、墨色鲜明的精品。雕版印刷术的发明，继造纸术之后，对人类文化的保存、传播和发展起到重大促进作用。

唐初，人们在炼丹制药过程中偶然发明了火药。唐初医药学家孙思邈在《丹经》中记载，将硫磺、硝石各2两研碎放入砂罐，再把皂角烧红成炭置入罐中，即可产生炽烈的火焰。唐末已有农民起义军将火药应用于战争的记载。此外，火药还被用于狩猎、开山和采石。

中国古代建筑技术在隋唐进入成熟时期。隋朝建筑师宇文恺使用图纸和模型设计、指导修建规模宏大的大兴城（唐朝扩建为长安城）、洛阳城，体现了城市建筑的高超技术。隋朝工匠李春设计修造的单孔平拱大石桥——赵州桥,桥长50多米,石拱跨径37米多,至今1300多年依然保存完好,被誉为"世界建桥史上的一个奇迹"。

唐代儒释道"三教合一"的思想潮流弥漫到社会生活的各个领域。先前儒学粗糙的天命思想已经无法控制人心。世俗化和中国化了的禅宗在众多佛教宗派中占据了主流。佛教的禅定和道教的修炼,都重视主体意识,既注重调谐人与自然的关系,也通过道德修养变化气质,调适人与社会的关系。三教之间在彼此反复辩驳中相互吸纳渗透,儒学体系得到丰富和更新,进一步增强文化凝聚力,在消解不同民族、宗教和等级之间的隔阂以及促使社会和谐安定方面发挥了潜移默化的作用。

唐代是中国古代诗歌创作的黄金时期,流传至今的唐诗有5万多首。繁荣、开放和文化多元的盛世,以及科举制度激发出士人昂扬进取的精神,铸就了唐诗的辉煌。唐诗韵律工整,

建于隋朝的河北赵州桥,是世界上保存完好、最古老的一座单孔大石拱桥。

清·苏六朋《太白醉酒图》，表现了李白醉酒于唐玄宗宫中，由内侍二人搀扶侍候的情景。

回还有致，更多地抒写了诗人主体的感受与情怀。其中高适、岑参、王昌龄等边塞派诗人以雄健浑厚的笔触，歌颂前线将士舍身许国的豪情；孟浩然、王维等山水田园派诗人的作品则体现了追求人与自然和谐相处的平和心境。唐代诗人中最负盛名的是李白和杜甫。李白狂放不羁，人称"诗仙"，他的诗歌雄奇飘逸、激昂奔放，体现了盛唐张扬个性、蓬勃向上的时代精神。在他充满浪漫主义激情的诗篇中，又蕴涵着深刻的现实意义和对人世的深挚关爱。杜甫长期生活在颠沛流离之中，他将个人遭遇与国家和人民的命运联系在一起，创作了大量忧国忧民、真切反映社会现实的诗作，人称"诗圣"。杜诗浑厚凝重、沉郁悲慨，感情真挚动人，后人将它们称为"诗史"。

唐代绘画领域不断扩大，人物、山水、花鸟相继分成独立画科。画坛创制法度，画派纷呈。其中被尊为"画圣"的吴道子，将书法用笔的意趣融入线描之中，丰富和加大了线条的运动感和表现力，使画面呈现出"天衣飞扬，满壁飞动"的艺术效果，被世人称赞为"吴带当风"。

隋唐一统，书法艺术兼具南派的秀美和北派的刚健，发展到新的高峰。欧阳询、颜真卿、柳公权是楷书代表人物。欧书字体奇险峻拔，用笔凝重沉稳；颜书结体丰满圆润，浑厚刚正；柳书遒劲森严。张旭、怀素以草书闻名，其作品笔势飞动,意绪狂放。

　　隋唐的音乐舞蹈,因受西域及外来文化的影响,多姿多彩。唐玄宗本人精通音律,曾在梨园向三百乐工讲授歌舞技艺,并借鉴西域乐舞,亲自创作《霓裳羽衣曲》。

　　座落在丝绸之路重镇甘肃敦煌的莫高窟,是世界上规模最大、保存最完整的佛教艺术宝库。现存3000多座彩色塑像,4.5万平方米壁画,其中多半是隋唐时期的作品。这些佛像神态各异、逼真传神,壁画飞扬飘动、金碧辉煌,展现出奇特神韵和无穷魅力。

　　盛唐时期从文学艺术到习俗风尚都体现出胡汉、中西交融贯通的特点,展示了博大开放、汇纳百川与充满创新活力的时代精神。

唐·颜真卿《颜勤礼碑》

《虢国夫人游春图》(局部),再现了唐朝贵族女性的生活场景,洋溢着开放的时代气息。

敦煌莫高窟唐代彩塑，菩萨面相圆润，身材丰腴，宽妆高髻，薄衣轻纱，反映出当时社会的审美特点。

宋元：多元文化碰撞交融与社会文明高度发展

两宋与辽、西夏、金分立及南北文化交融

唐朝玄宗统治后期,政治腐败,国力由盛转衰。朝中宦官专权,地方藩镇割据,经唐末农民战争扫荡分崩离析,907年唐朝为藩镇所灭。此后50多年,黄河流域先后经历后梁(907—923)、后唐(923—936)、后晋(936—947)、后汉(947—950)、后周(951—960)五个朝代,史称五代。

960—1368年,中国先后经历北宋与辽、西夏并立,南宋和金对峙,元朝大一统三个历史阶段。

960年,大将赵匡胤发动兵变,推翻后周建立宋朝,定都汴京(今河南开封),史称北宋。北宋陆续削平各地割据势力,重新统一了中原和南方的广大地区。鉴于唐末五代以来重臣专权、藩镇割据的教训,北宋采取一系列措施"削夺其权,制其钱谷,收其精兵"。在中央将相权一分为三,互不统属,便于皇帝总揽。在地方各州设通判监督知州,互相牵制。军事上将调兵权与统兵权分离,禁军定期换防,将领不得随军调动,以防武将专权。中央还将地方州镇厢兵中的精锐选入禁军,拱卫京师,强干弱枝,守内虚外。各地赋税收入除少部分留作地方开支,全部运交中央。这些加强中央集权的举措,有利于维护统一和安定,促进经济发展。但一些矫枉过正之举,也带来机构重叠、效率低下、开支庞大,以及军队作战指挥不畅、战斗力低下等弊端,导致积贫积弱的严重后果。

916年,生活在大漠南北和东北地区的契丹族首领耶律阿保机称帝,建立契丹族政权,后改国号辽,定都上京(今内蒙巴林左旗林东镇)。契丹族以游牧、渔猎生活为主,在与

宋太祖赵匡胤像

> 宋元：多元文化碰撞交融与社会文明高度发展

中原人民交往中逐渐学会农耕，建造房屋定居，并仿照汉字偏旁创制了契丹文字。契丹贵族不断南下劫掠，迫使后晋割让幽云十六州，进而占据华北平原。

1004年，辽军20万人大举进攻北宋，兵锋直抵黄河北岸澶州城下，逼近都城汴京。宰相寇准力主宋真宗亲征，宋军士气大振，射杀辽军统帅。辽军遭受重挫，取胜无望，转而提出议和。宋真宗在有利形势下接受议和，签订了"澶渊之盟"。双方议定：北宋每年送给辽白银10万两、绢20万匹；辽撤军，各守边界；双方约为兄弟之国。澶渊之盟加重了北宋人民的负担，但毕竟是宋、辽实力均衡的产物。盟后维持了一个世纪相对和平的局面，互市不绝，双方的经济文化都

辽、北宋、西夏并立形势图

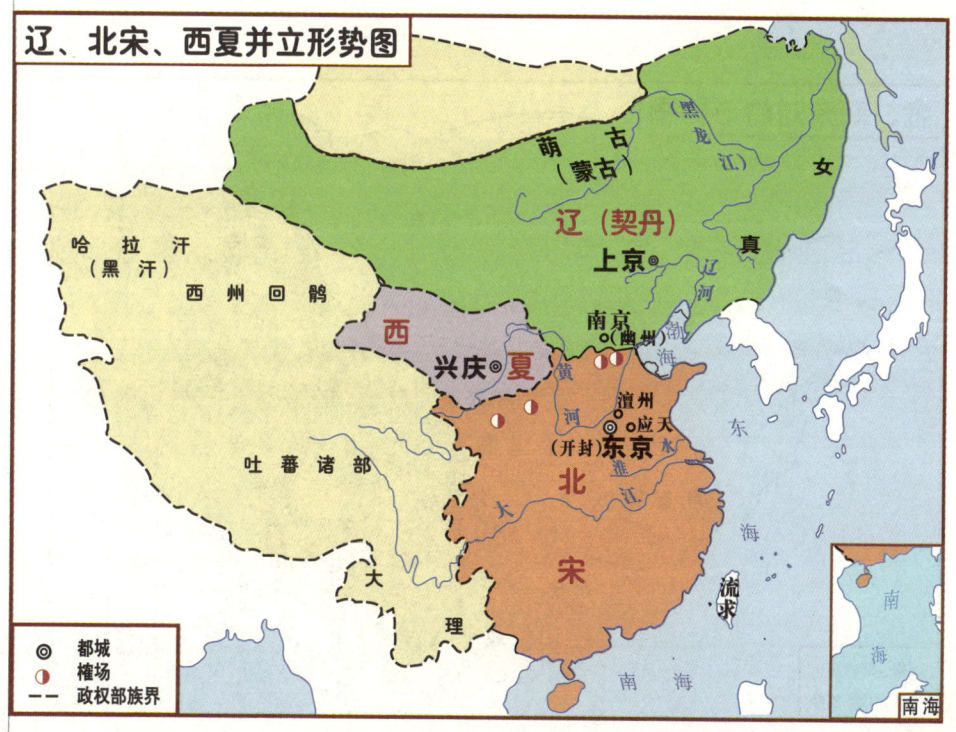

呈现出繁荣景象。

北宋初期,西北地区以游牧为主的党项族逐渐兴起。1038年,党项族首领元昊称大夏国皇帝,定都兴庆(今宁夏银川),史称西夏。西夏不断进犯北宋,军事上多次获胜,但战争破坏了双方正常贸易,北宋的清野固守政策导致西夏粮食紧缺,财力不支。1044年,元昊向北宋请和,双方议定:元昊取消帝号,对宋称臣;北宋每年送给西夏白银、绢、茶叶等"岁币";重新开放边境贸易。从此宋、西夏之间基本上维持和平贸易局面。

北宋中后期,黑龙江流域以渔猎骑射为生的女真族在反抗辽压迫的斗争中逐渐强大。1115年,完颜部首领阿骨打称帝,建立金政权,后定都会宁(今黑龙江阿城)。1125年金灭

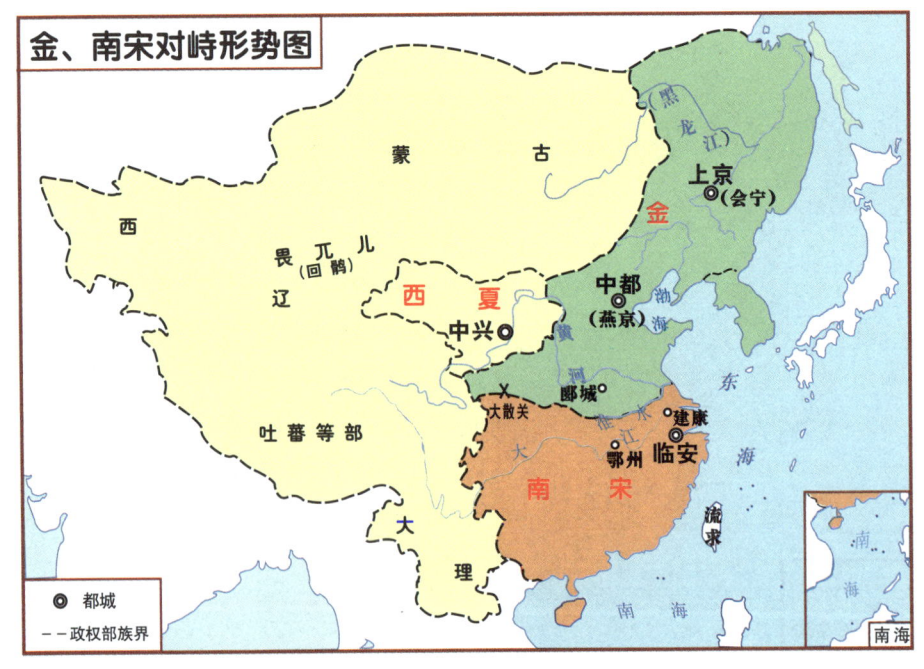

金、南宋对峙形势图

辽后继续南下,发动对北宋的掠夺战争。1126年金兵攻破汴京,次年俘获宋徽宗和宋钦宗,北宋灭亡。

1127年,北宋皇族康王赵构称帝,后定都临安(今浙江杭州),史称南宋。在岳飞等著名将领领导下,南宋军民英勇抗击金兵,取得重大胜利。但在投降派构陷下,宋高宗赵构却将岳飞以"莫须有"的罪名杀害。1141年,宋、金订立和议,南宋皇帝向金称臣,割让淮河以北地区,每年向金交纳银、绢等岁币。至此,南宋偏安江南一隅,形成宋、金南北对峙的局面。

辽、西夏、金的相继南侵,给中原地区带来重大灾难。两宋军民不断抗击北方游牧民族的劫掠,有效地遏制了战争,使中原和南方地区获得相对安定的持续发展环境。

北方少数民族崛起扩展之际,也在不断汲取中原先进文明。中原军民的强烈抵抗迫使他们调整政策,放弃一些野蛮的做法,辽、西夏、金都相继仿效中原王朝建立政治制度,奖励垦荒,迁移大批汉族人口北上,促进了经济交流和民族融合。

947年,辽军攻破开封,大肆劫掠后北返,遭到强烈抵抗。辽太宗深有所感,将"纵兵掠刍粟"和"括民私财"列

南宋·《中兴四将图》,图中所绘刘光世、韩世忠、张俊、岳飞四人为南宋初年抵御金军进犯的著名将领。

为此行的两条重要教训,并转而"因俗而治",推行"官分南北,以国制治契丹,以汉制待汉人"的一朝双轨政策。至辽圣宗执政时,又从一国两制趋于南北一致,普遍实行中原"汉制"。在赐贫民耕牛、垦荒免赋等措施鼓励下,辽阔的北部边疆地区在这一时期得到开发。10世纪中期,东北辽海地区已呈现"编户数十万,耕垦千余里"的兴旺景象。辽的冶铁、丝织、制瓷、雕版印刷等手工业也得到高度发展。

西北地区的西夏,官职同样分汉制和党项官职两个系统,并仿行科举选官制度。西夏统治者重视学习中原文化,仿照汉字创造西夏文字,还应用活字印刷术,翻译、印刷大量中原典籍,并铸造汉文"天授通宝"钱币。在生产领域,西夏的冶铁、印刷、制瓷、毛纺织业等手工业均处于领先地位。其中保留至今的西夏文印刷品,是目前所知世界上最早的活字印刷实物。冶铁则因掌握先进的竖式风箱鼓风技术,所造兵器锋利无比,被誉为"天下第一"。农业方面,全面采用中原耕作方法,在河套和河西走廊地区建设起灌溉系统,对西北地区的开发作出重要贡献。

金灭掉辽、北宋并占据淮河以北地区之后,为适应对高度发展的农耕地区统辖管理,实施了一系列改革。金海陵王完颜亮通汉语,好读书,经常接近儒生谈论政事。1153年完颜亮将都城从上京会宁迁至"地广土坚,人物蕃息"的礼仪之邦燕京(今北京)。1156年仿辽宋全面改革官制,限制女真贵族的世袭特权,确立中央集权新型政体。金还大规模将女

上图:辽代壁画,描绘出行队伍中的马匹和侍从,从中可以看出契丹人长年游牧的生活特征。

下图:敦煌壁画·西夏冶铁图

金在中都营建的卢沟桥，位于今北京永定河上，全长266.5米，桥身两侧栏杆雕有大小石狮共501只，形态各异，栩栩如生。

真人南迁至中原地区，迅速向租佃制生产关系转化，并先后印制交钞，铸造铜钱、银币，推动手工业、商业发展。与此同时，鼓励女真族和汉族通婚，在生活习俗方面进一步向汉族靠拢。据《金史·世宗纪》记载，自迁都燕京之后20多年的时间里，女真人逐渐改变旧俗，在日常宴饮、音乐等方面"皆习汉风"，甚至皇室子孙也"自幼惟习汉人风俗"，以至对女真语言文字都不能通晓。

北方少数民族政权在全面推行汉法的同时，还注意革除中原王朝的一些弊端，使得流落北地的汉人也能在当地安居乐业。

经历长期对峙、碰撞与交流之后，南北之间的民族与文化在中原文明基础上进一步水乳交融。

宋代的社会变革与文明高度发展

两宋推行一系列加强中央集权的措施，克服了唐末五代以来地方分裂割据的痼疾，内部统一安定。与此同时，中原军民奋勇抗击北方游牧民族南侵，为南方地区提供了相对和平环境，社会经济得以持续高速发展。

宋代坚持和发展隋唐的改革新政，推动社会发生深刻变革。

宋朝"不抑兼并"，土地自由买卖。至迟北宋中期，大部分土地已成为中小地主私人所有。农业和手工业部门契约关系发展，佃农与工匠成为国家正式编户，租佃制地主经济和自耕农经济占据了社会经济的主体地位，私营手工业作坊也得到很大发展。1027年宋仁宗下诏，明确规定佃农按契约完租之后可以自由迁徙，田主不得随意阻拦。此后进一步规定地主不得役使佃农家属，佃户身故，"其妻改嫁者听其自便，女听其自嫁"。大部分手工业作坊也都雇用工匠，按契约支付工钱，工匠身份相对自由，人身依附关系松弛。

普遍实施租佃制、雇佣制这一生产关系方面的重大变革，使劳动者焕发出生产热情，极大地推动了社会经济发展。

北宋末年人口增至一亿，提供了大批劳动力，大规模开垦梯田、圩田，耕地面积扩大约一倍。便于深耕的钢刃犁铧和种稻使用的"秧马"等新型农具的广泛使用，原产越南的优良品种占城稻的引进推广，使粮食产量大大提高。南宋时已流行"苏湖熟，天下足"的谚语，全国经济重心从黄河流域转移到长江流域。

宋代手工业取得重大进展，煤的开采量居世界第一。河南鹤壁北宋晚期煤矿遗址巷道长达500多米，可容数百人同时开采。照明、通风、排水、支架等设施与技术已接近于近代水平。铁、铜等金属冶炼不论质量还是数量都达到当时世界最高水平。北宋神宗时仅信州铅山一地便聚集了10多万冶铜工匠。据估

宋孩儿瓷枕。宋代瓷业繁盛，大量瓷器和丝绸、茶叶一道通过海上通道销往世界各地。

算,宋代铁产量大致相当于18世纪欧洲各国产量的总和。南宋末年已开始用焦炭冶铁。纺织业部门,除传统的丝织业花色、品种更为繁多精美,南宋时又兴起棉纺织业,出现了纺车、弹弓、织机等新式工具。陶瓷制造业也发展到一个新的阶段,江西景德镇等地生产的青白瓷畅销海内外,中国因此被称誉为"瓷之国"。

宋代商品经济空前繁盛。商业活动突破了唐代在指定地点、时间交易的坊市制限制。各地城市周围和乡村交通要道附近出现大量商品集散地,形成大大小小集市城镇。北宋商税务设置到了县以下的镇,形成细密的商税网,商税开始成为政府重要财政收入。11世纪初,为方便商旅贸易,四川地区率先出现世界上最早的纸币——交子。南宋时通行"会子"等纸币,同时出现了由富户作保写立期限文字赊卖的信用交易,其它如官营汇兑机构便钱务、存货洽谈的邸店、以物品抵押借钱的质库等商贸手段也都较前发展。山东济南一家针

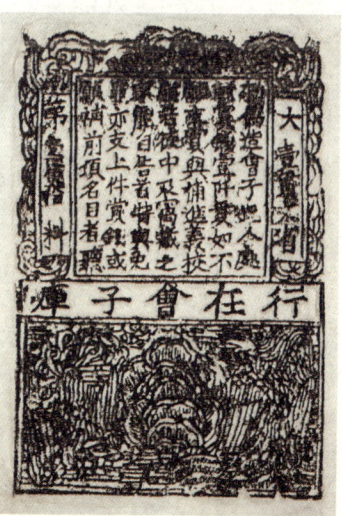

南宋纸币"会子"印版

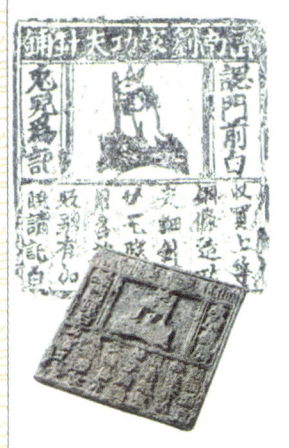

济南刘家功夫针铺商标及铜版,已知世界上最早的商标广告实物。

铺在标牌上方标明"济南刘家功夫针铺"字号,正中以一只白兔为店铺标志,两边写着"认门前白兔儿为记",下方是广告词:"收买上等钢条,造功夫细针,不误宅院使用,转卖兴贩,别有加饶",表明宋代已有商标和广告,并形成集收购原料、加工制造和批发转卖为一体的经营方式。据《东京梦华录》记载,北宋汴京"金银彩帛交易"汇集于南通一巷,"屋宇雄壮,门面广阔,望之森然,每一交易,动即千万,骇人闻见",俨然如现代金融街。汴京城内外遍布400多行业,铺店林立,既有大型的米市、菜市、肉市、鱼市、鲜果行,也有民众日用的布帛行、头巾铺、折扇铺、腰带铺、牙梳铺、针铺、铁器铺,还有高档的金银铺、珠玉行;既有固定的商铺,也有临街随地摆设的晓市、夜市。

宋代造船业和远洋航海技术十分发达。可载数万石粮的

南宋时期的海上、陆上"丝绸之路"

大型海船,设有密封隔离舱、尖底、吃水深,并使用指南针导航,既安全又高速。政府积极鼓励海外贸易,商船远渡西太平洋、印度洋、波斯湾,与50多个国家通商往来。在一些重要港口设立市舶司统一管理,并开设专供外商居住的"蕃坊",设置"蕃市"、"蕃学",允许阿拉伯商人在当地修建清真寺和公共墓地。南宋时泉州成为世界上最大的国际贸易港。泉州与广州两处市舶司每年收取的外贸商税高达200万贯,成为政府的重要财政收入。

随着经济发展与社会进步,宋代的社会结构与民众社会生活也发生了深刻变化。

宋代士族门阀贵族彻底退出历史舞台。主要通过科举考试途径做官的庶族地主占据重要地位,成为皇朝统治支柱。宋朝实行优待士人的"养官"政策,以不杀大臣、士人、谏官为"祖宗家法",各级官员俸禄丰厚,生活优裕,形成较为平和、宽缓、理性的政治氛围。据《蓼花州间录》记载,宋神宗一次要杀一名有罪官员,被大臣援引祖训劝阻。后改判发配边疆,朝中官员又说"士可杀不可辱"。宋神宗感叹道,"快意事做不得一件。"大臣则称,"如此快意事做不得也好。"

唐宋以来,国家推行官商分利政策,把官营和专卖中感到棘手的经营环节承包给商贾,分部分专卖利润给商人,出现了盐引、

宋代科举考试图

北宋·张择端《清明上河图》,真实而细致地再现了北宋都城汴京的繁荣景象。

茶引等各种禁榷商品的专卖凭证。商人参与经营使效率提高,政府的实际收入成倍增长。很多商人,尤其是盐商,在与官府合作、为国家服务中致富,地位尊崇。宋代不但废除了以往工商业子孙不得为官的限制,一些富商大贾还得以与皇亲、朝官家族联姻。每当科举考试结果张榜公布之日,他们往往争相挑选新科进士做女婿,时人称为"榜下捉婿"。

宋代的自耕农、半自耕农占总人口50%多,佃户约占35%。佃户与工匠也都取得了平民身份。

因经济发展、城镇兴起,宋代城市人口大幅增长。这些非农业户城市居民形成了市民阶层。除达官显贵之外,市民的主体为工商业者、文士书生等下层知识分子、各行手工工匠,以及江湖郎中、占卜先生、杂耍艺人、苦力脚夫等。在北宋名画《清明上河图》描绘的汴京城中,便活跃着木匠、铁匠、银匠、陶匠、桶匠、画匠、织草鞋的、造扇的、磨镜的,还有贩油、贩盐、贩纸、卖粥、卖饼、卖香、卖药、卖水、卖豆乳、卖花粉的各色人等。他们摩肩接踵,劳作奔忙,整个城市充满了生气和活力。

宋代绝大多数人口居住在乡村，多数农民维持温饱，生活质量提高。村民在节日和农闲期间看戏、听书、游乐，文化生活得到丰富和改善。

宋代商品经济繁荣、市民阶层发育，促成市井文化兴盛。都市中酒楼、饭店、茶坊林立，规模大的日客流量常达1000多人，"歌管欢笑之声，每夕达旦，往往与朝天车马相接。虽风雨暑雪，不少减色。"遍布城中的娱乐场所称为"瓦舍"，瓦舍中通宵达旦地上演杂剧、滑稽戏、杂技、讲史、说书、舞刀剑等百姓喜闻乐见的节目。游人看客不分士庶老少，往

▶ 资料链接

高度发达的宋代文明

（宋代中国）现代化的程度令人吃惊，货币经济、纸钞、流通票据、高度发展的茶盐企业非常独特……在人民日常生活方面，艺术、娱乐、制度、工艺技术各方面，中国是当时世界上首屈一指的国家，其自豪足以认为世界其他各地皆为"化外之邦"。

——（法）谢和耐：《南宋社会生活史》
(Jacques Gernet, *Daily life in China on the Eve of the Mongol Invasion, 1250-1276*)

来其中,流连忘返。这些娱乐场所的发展、兴旺,鲜明展示了市民情趣和蓬勃的世俗化活力。

两宋生产关系、社会结构的深刻变革,推动社会文明发展到新的高度,其间萌发出的诸多前所未见的新鲜事物,显露了向近代社会演进的趋向。

元帝国拓展统一多民族国家基业

12世纪末,原先处于辽、金统治之下的蒙古族崛兴。1206年,铁木真统一蒙古草原,建立蒙古汗国,被尊称为"成吉思汗"。成吉思汗及其继承者东征西讨,迅速征服欧亚广大地区,给各地人民带去深重苦难。大蒙古汗国横跨欧亚,但缺乏共同的经济基础和健全的法规典章,实际上是个并不稳固的政治、军事联盟。1271年忽必烈改国号为元,建立元朝,次年定都燕京,改变"视居庸(关)以北为内地"的观念,确立"山以南,国之根本"的格局,统治中心向中原转移。1276年,元军攻破临安,南宋灭亡。1279年,元统一全国。

成吉思汗陵

元世祖忽必烈早年受命主管漠南汉地，受到中原文明熏陶。即位后，诏令天下，"国以民为本，民以衣食为本，衣食以农桑为本"，严禁屠城和掠夺人口为奴，禁止蒙古贵族强占民田、废耕田为牧场。南宋都城临安被元军攻占之际，因此得以"九衢之市肆不移，一代之繁华如故"。

以农桑立国方针的确立，标志蒙古汗国国策发生重大转折，加快了从游牧经济向农耕文明转变的步伐。朝廷相继建立起一套完整的富有成效的体制机构和法规制度，并且高度重视推广先进科学技术，取得显著成效。在中央设立的大司农司，专掌全国农桑水利，以"户口增"、"田野辟"、"赋役平"作为衡量地方官政绩和决定赏罚升降的标准。颁行全国的"农桑之制"，对种植经营方面的一应事宜，作了极其周详的规定。许多官府衙门绘有耕织之图，"使为吏者出入观览而知其本"，劝农、重农成为一时风尚。忽必烈还诏令大司农司参考古今农书编成《农桑辑要》，刊行四方，仅1332年该书即一次印行1万部。

元世祖忽必烈像

忽必烈还废除兵民合一、"裂土分民"、州县官世袭等蒙古旧制，参照唐宋故典、辽金遗制，"设官分职，立政安民"。在中央设置中书省、枢密院、御史台三大系统，另设宣政院，掌管全国宗教事务和西藏地区。地方设置行中书省，简称行省，作为中书省的派出机构，由中央直接委派官员管理。在一些偏远少数民族地区则设宣慰司管辖。为及时传递政令，加强对地方的管理，还在全国设通政院，建立起四通八达的驿站系统，负责传递上下公文，为来往使臣提供生活所需和交通工具。这对于巩固统一起到重要作用。

　　元朝为维护蒙古贵族特权,将不同民族分为蒙古人、色目人、汉人、南人四等,带有民族歧视和分化的消极落后因素。另一方面,元朝的统一为各民族的联系和交往提供了有利条件,进入中原的契丹、女真等族逐渐与汉族融合。许多信仰伊斯兰教的波斯人、阿拉伯人迁入中国,与汉、蒙古等族融合,形成一个新的民族——回族。

　　元朝在中原文明基础上实现了更大范围的大一统局面。元代疆域辽阔,北至阴山以北,南抵南海诸岛,东北到今库页岛,西北包括新疆、中亚地区。元朝将西藏地区正式列入中国版图,并在云南设置行省,在福建晋江县所属澎湖设巡检司,管辖澎湖和琉球(今台湾),加强了对这些地区的管辖

元疆域图

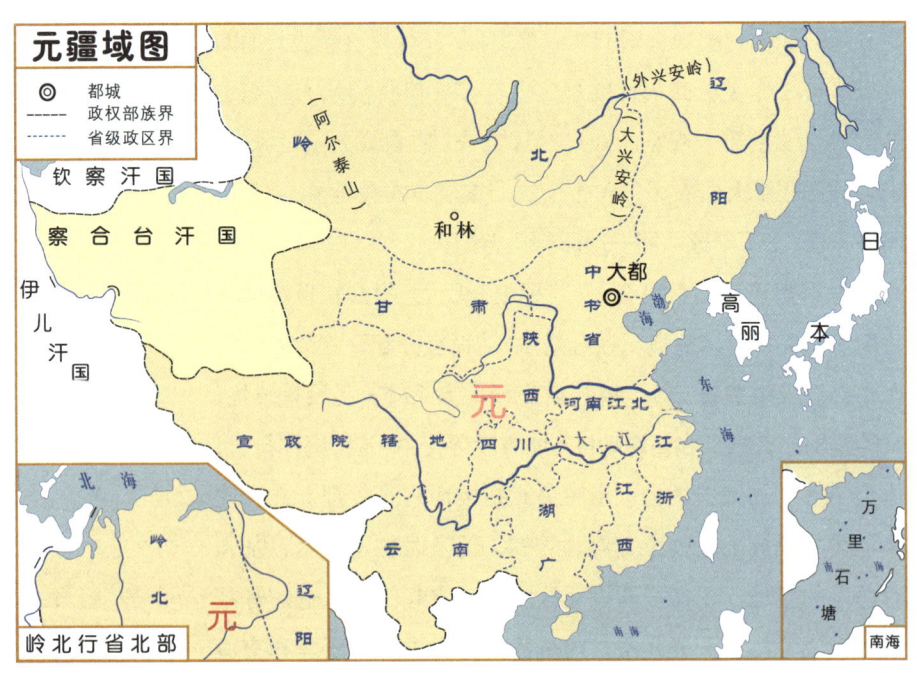

与开发。包括新疆地区少数民族在内的色目人进入元上层统治集团，也加强了中原和新疆地区的联系。

在经历宋元易代之际一度逆转倒退之后，元朝社会经济迅速复苏，统一多民族国家进一步巩固拓展。元代的国内交通和陆、海路对外交通十分通畅，中外交流频繁。大都（今北京）、杭州、泉州等城市的繁华，超越了前代。元大都畏兀儿人列班·扫马出使欧洲，和罗马教廷建立联系，写下中国人第一部详细记述欧洲的见闻录。意大利商人马可·波罗于1275年通过丝绸之路到达元大都，在中国居住了17年，曾被忽必烈任命为元朝官员。他写下的《马可·波罗游记》，对中国繁华的都市、社会状况、风习、信仰、土特产品等作了详尽细致的描绘，在欧洲激起强烈反响。元代中外经济文化交流的空前拓展，对世界历史进程产生了重大影响。

繁花似锦的宋元文化

宋代一改前朝武夫擅权的积弊，实行"偃武兴文"国策，文化精英受到普遍尊重。在商品经济繁荣、市民阶层兴起和政治氛围相对宽松的背景下，科学技术和思想文化领域呈现出繁花似锦的勃勃生机。

宋代各层级学校制度齐备。高等学府除国子监、太学外，还兴起了私人开办的书院。1038年宋仁宗诏令全国州县普设学校。民间兴办的初等教育私塾、蒙馆遍及城乡。《百家姓》、《千字文》一类识字课本在乡村中也得到普及。社会整体教育水平和识字率都远远超过前代。

宋元时期的科技成就突出体现在印刷术、指南针、火药三大发明的完善和应用，以及棉纺织技术的革新。

活字印刷西夏文佛经

北宋平民毕昇发明了世界上最早的活字印刷术。毕昇使用胶泥活字排版印刷，可反复多次使用，大大提高印刷效率。西夏已掌握木活字印刷技术。活字印刷术相继传入朝鲜、日本和阿拉伯国家，13世纪传入欧洲，并通过新疆传入波斯、埃及，为世界文明作出了重要贡献。

宋代在远洋航海中已普遍使用指南针导航。水手将人工磁化钢针支撑固定在刻有方位的盘中，用来指示方向，开创了全天候导航的新时代。南宋时指南针经由阿拉伯传入欧洲，为欧洲人的环球航行和发现美洲"新大陆"提供了重要条件。

宋代提高火药制造技术，广泛应用于军事战争。北宋时专门设立国家兵工厂"广备攻城作"，先后发明燃烧性、爆炸性火器，以及"毒药烟球"和发射弹丸的管状"突火枪"。13世纪中期，火药传入阿拉伯，后又传至欧洲，对欧洲社会产生了巨大震动。

马克思在《资本论》中谈到18世纪纺织机器发明前的欧洲时说，"要找一个能够同时纺两根纱的纺纱工人，并不比找一个双头人容易"。而14世纪初，元代劳动妇女黄道婆就已经能够同时纺出三根纱来。她参照麻纺车原理，把手摇一绽纺车改制成脚踏三绽纺车。黄道婆从碾棉籽、弹

元代铜炮，炮身刻有"至顺三年"（1332年）铭文，是世界上已发现有记年可查的最早的金属火炮。

> 宋元：多元文化碰撞交融与社会文明高度发展

● 资料链接

中国古代四大发明的影响

欧洲文艺复兴初期四种伟大发明的传入流播，对现代世界的形成曾起到重要的作用。造纸术和印刷术替宗教改革开了先路，并使推广民众教育成为可能。火药的发明，消除了封建制度，创立了国民军制。指南针的发明导致发现美洲，因而使全世界，而不再是欧洲成为历史的舞台。

——（美）卡特：《中国印刷术的发明和它的西传》
(Thomas Francis Carter, *The Invention of Printing in China and its Spread Westward*)

花、纺纱到织布时的错纱、配色、综线絜花，创造出一套系统的先进技术，使松江地区棉纺织业发生根本性变化，"衣被海滨，利及数省"，推动棉纺织业发展成重要的手工业部门。元代棉布逐渐取代丝麻，成为广大民众普遍使用的衣被原料。

元代天文学家郭守敬创制的新型浑仪——简仪，具有简便、实用、轻巧的特点，早于欧洲300多年。

北宋沈括所著《梦溪笔谈》，广泛涉及天文、地理、数学、化学、医学等诸多领域的最新成就，被称誉为"中国科学史上的里程碑"。

中国哲学到宋代发生了重大变化。北宋程颢、程颐兄弟和南宋朱熹把维护专制统治和纲常名分的观念抽象化为天地万物始源的"理"，建立起理学体系，称"程朱理学"。理学从哲学的高度论证专制统治和君臣、父子尊卑等级秩序的合理性。他们主张通过"格物致知"的方法，即通过接触世间万事万物，在体会到各种知识的基础上加深对先天存在的"理"的体验，最终融会贯通而明"理"。南宋学者陆九渊认为，"宇宙便是吾心，吾心便是宇宙"，提出进行内心反省、

木棉纺车（元代王祯《农书》插图）

"发明本心"以求"理"的主张。他的思想被称为"心学"。

程朱理学强调三纲五常和名分等级的永恒性,用以维系专制统治;将"天理"和"人欲"对立起来,压抑、扼杀人们的自然欲求,产生了消极影响。但理学重视主观意志力量,注重气节、品德,讲求以理统情、自我节制、发奋立志,强调人的社会责任和历史使命,又凸显了人性的庄严。

程朱理学建构起精致、缜密的理论体系,至元代成为儒学主流,在几百年间对中国政治生活、文化教育和社会教化等产生了深远影响。

两宋期间,中国文学的主流是新兴的词,继唐诗之后达到又一诗歌高峰。词又称"长短句",便于更加灵活自如地表达情感,并可配乐演唱。苏轼和辛弃疾是宋词豪放派的代表人物。苏轼开创一代词风,达到"无意不可入,无事不可言"的境界。他的词意境开阔,雄浑壮观,既飘逸又豪放。辛弃

左图:朱熹像

右图:关汉卿像

疾生活在战乱频仍的南宋，他的词慷慨激昂、沉郁悲凉。宋代城市生活丰富，出现了许多具有浓郁市井气息的婉约派词作。最具代表性的是柳永的词，委婉含蓄、回还往复，颇为当时民众喜爱，以至有人说"有井水处皆有人唱柳词"。李清照是宋代最著名的女词人。她的词风格独特，前期是欢乐明快的基调，后期在经历了亡国丧夫之痛后，作品充满了身世飘零、国家兴衰之感。

元杂剧是一种将诗歌、音乐、舞蹈、表演、宾白相结合，演出一个完整故事的戏曲艺术。这种平民喜闻乐见的艺术得到空前发展，表明贴近百姓生活、以叙事为主的通俗文学开始成为文学的主流。元杂剧作家中最负盛名的是关汉卿，他的代表作《感天动地窦娥冤》，用"六月飞雪"的冤情控诉官府腐败黑暗，撕心裂肺地呼喊："地也，你不分好歹何为地！天也，你错勘贤愚枉做天！"另一位杂剧作家王实甫的作品《西厢记》，表现青年男女反叛传统礼教的斗争，提出了"愿普天下有情的都成了眷属"的期盼。

山西洪洞广胜寺元代戏曲演出壁画

宋代理学的兴起使文人更注重内心的修养。书法艺术出现了苏轼、黄庭坚、米芾、蔡襄四大家。他们推崇魏晋书法风范，追求个性而忽略法度，倡导"有意无法"。这时的文人山水画，更为注重写意和自我性情的抒发，讲求神似、意境和气韵。在描绘市井生活的写实画作中，以北宋张择端的《清明上河图》最为著名。画家运用散点透视的构图方法，在5米多长的画卷中真实细腻地再现了北宋末年汴京城及汴河两岸的繁华景象，令人看后"恍然如入汴京，置身流水游龙间，但少尘土扑面耳"。

　　10世纪至13世纪的欧洲，封建庄园十分闭塞，农奴身份低下，思想文化领域仍处于神学禁锢的蒙昧之中。而宋元时期的三大发明与应用、市镇经济与海外商贸的兴盛、市民阶层的兴起以及思想文化的活跃，都标志着中国社会经济和科学技术发展到一个新的高度，处于当时世界文明的高峰。

明清(鸦片战争前):
农耕文明的繁盛与
近代前夜的危机

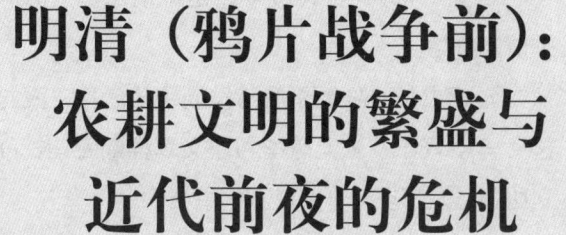

明清帝国的更替及强化皇权的举措

公元1368年至1840年，是中国历史上的明清（鸦片战争前）时期。

元朝末年，阶级矛盾与民族矛盾激化，激起大规模农民起义。1368年，朱元璋率领起义军推翻元朝，削平群雄，建立明朝，定都应天（今江苏南京）。

明太祖朱元璋像

明太祖朱元璋及明成祖朱棣执政期间，通过废除丞相、创内阁、设厂卫特务机构、加强对社会基层和思想文化界控制、迁都北京等一系列政治改革举措，大大提高皇权，奠定了明代君主专制集权体制的基本格局。与此同时，明初统治者实施奖励垦荒、轻徭薄赋、奖励种植经济作物、提高手工工匠身份等经济政策，使社会经济得到全面恢复发展。朱棣在位的永乐年间，社会安定、国力富强，成为中国古代历史上又一鼎盛时期。

明中后期万历初年，内阁首辅张居正改革赋役制度，推行一条鞭法，将原来的田赋、徭役、杂税并为一条，折成银两，计亩征税。张居正改革刺激了商品经济发展，在江南等地兴起了30多个工商业市镇，一些手工工场、作坊中的生产关系和劳动组合发生了近乎西方资本主义的新变化，出现资本主义生产关系萌芽。

明后期，土地兼并恶性发展，农民被迫背井离乡，大片土地弃耕荒芜。明末，在对后金用兵以及连年天灾的重压下，终于爆发卷入几百万民众、持续近20年的大规模农民战争。

> 明清（鸦片战争前）：农耕文明的繁盛与近代前夜的危机

明十三陵，十三位明朝皇帝埋葬于此。

1644年3月，李自成领导的农民起义军占领北京，崇祯皇帝上吊自杀，明朝灭亡。同年4月，山海关外的清军招降明朝宁远总兵吴三桂，击败起义军，9月将首都从盛京（今辽宁沈阳）迁到北京，夺取了全国最高统治权。

建立清朝的满族系明后期努尔哈赤统一东北女真各部后形成的新的民族共同体。努尔哈赤曾被明朝廷封为建州左卫都指挥使、龙虎将军，1616年，努尔哈赤脱明独立，称汗建国，史称后金。其子皇太极继位后，于1636年在盛京称帝，改国号为清。清兵入关后，大规模圈占土地，迫使贫民充作役使，强制东南沿海居民内迁30—50里，并以"留头不留发，留发不留头"威胁逼迫汉人剃发梳辫，改从清制，以此作为确立满族贵族统治的象征。清初推行的民族压迫政策和在生产关系上的倒退逆转，使长年内战中遭到严重摧残的社会经济雪上加霜，一度中断了向近代社会演进的趋向。

清初的暴政激起强烈反抗，各族人民的抗清斗争加快了野蛮征服者被先进文明征服的进程。明末土地与劳动力分离的根本性危机早已被农民战争扫平，从而为清前期恢复发展经济的政策调整创造了良好条件。康熙、雍正、乾隆三朝，社会经济得以迅速发展，很快便达到中国历史上新的高峰。

明清两朝中央集权制度进一步强化，皇权高度膨胀。

隋唐的六部制在明清基本相沿未改，三省制则有所调整变更，总的趋向是相权进一步分解削弱，皇权不断加强。明初洪武年间，废中书省，不设丞相，由皇帝直接掌管六部，亲理国政。朱元璋废丞相后，设殿阁大学士，侍从左右，以备顾问，协助处理政务公文。永乐年间，发展成内阁制度。明初的内阁并无独立裁决事务的权力，只是皇帝的助理、秘书班子。但以后大学士权位日重，内阁首辅的权势实际相当于以前的丞相。清雍正年间，设立军机处，其职事并不限于军务，举凡军政大计、内政外交，包括官员升革调补、重大

军机处

案件审理等机要政务,均得参与商议,并代皇帝拟写谕旨,成为皇帝发布政令、处理政务的枢纽核心。但军机大臣本身品级不高,无专门衙属,无属吏,不得私自接交官员。大臣所上奏折直接呈递皇帝,批阅后交军机处处理,确保皇帝意志畅通无阻。这一套围绕皇权运转的决策、行政机制迅捷、机密,使帝王得以最大限度控制政局,独断乾纲。

明清时期加强了中央对地方的控制。明代设布政使司,作为朝廷派驻的使臣掌理一省行政,另立提刑按察使司,掌管刑法,又建都指挥使司,掌管军政事宜。三机构并称"三司",均为朝廷在省里的派出机关,互不统属,分权鼎立,遇有重大事宜,由三司合议,上报中央部院,便于中央垂直领导。清代除设总督管辖一省或数省之地外,各省还设巡抚,总管一省政务。督、抚均为皇帝直接委派的亲信,分别向皇帝密折请示。有时督、抚同驻一城,事权不一,互相牵制,且任期不长,便于皇帝控制。明清两代还在西南地区推行改革,撤废世袭的首领"土司",改由朝廷任命"流官"管理地方,实行和内地统一的政权体制。清朝又在西北、东北等地设"将军"等职,负责当地军事和行政,加强对边境地区统辖。

明清时期,监察制度更为严密。中央设都察院,负责纠劾百官,下辖监察御史,分道监察地方官僚机构。此外又与六部相对应,分设六科给事

康熙皇帝画像

中,负责稽察、驳正六部的违误。监察制度在打击割据势力、整顿吏治、惩治腐败、提高行政效率、巩固中央集权方面发挥了积极作用。但明清的监察机构侧重对臣僚忠诚的考核,对公务监察不力,尤其缺乏对皇权重大决策的制约与监督。清朝在加强对京内外官员考察弹劾的同时,还取消了六科给事中封驳皇帝诏旨的职权。

明清两朝,国家在广大乡村立庙联宗,用三纲五常重建宗族血缘组织。"保甲为经,宗族为纬"交织起的庞大统治网深入僻壤山乡,成为控制基层民众的有力工具。

明初还建立起皇帝直接控制的锦衣卫、东厂,合称"厂卫",赋予侦缉、刑讯、杀戮的特权,成为组织严密的军事特务机构,构成专制皇权的可靠支柱。为树立皇权绝对权威,明朝还设立廷杖制度,对不合己意的大臣,于殿堂上任意鞭打杖责。朱元璋还曾让犯了罪的御史戴着脚镣坐堂审案,谓之"戴罪理事"。清朝军机大臣日夜轮流在乾清宫旁低矮简陋的平房值班,受皇帝召见只能跪奏笔录。君臣之间完全成为主奴、主仆关系。

明代锦衣卫木印

▶ 资料链接

中国古代的政治制度

中国古代的政治制度具有精密的专门化和职能区分,并由职业官僚遵照高度理性化并有案可稽的成规及先例进行管理。在很多方面,中国非常具备现代转变的条件……(但这种能够广泛满足社会需求的理想选择),恰恰养成了抵制灵活性的稳定惰力,几无变通的可能。

——(美)罗兹曼主编:《中国的现代化》
(Gilbert Rozman, *The Modernization of China*)

> 明清（鸦片战争前）：农耕文明的繁盛与近代前夜的危机

中国古代的中央集权制度，高度集权而又层叠有序，组织严密，通过科举选官提供的职业官僚富有成效地对辽阔疆域众多人口实施统辖管理，在相当长的历史时期内对推动统一多民族国家的形成与发展、促进经济繁荣和文化昌盛发挥了重要影响。不过中国古代的诸权分立，只是皇权控制下的分工与制衡，包括谏议机制均不能对皇帝行使否决权，而成为维系君主专制统治运行的一种补充。明清时期，君主专制高度膨胀，朝臣沦为帝王奴仆。随着封驳诏旨在清朝被彻底废弃，从制度上封闭了纠错的可能，最终将国家命运系于一人之手，在阻碍中国向近代社会转型等方面带来严重后果。

北京故宫是明清两朝皇宫。图为故宫内等级最高的大殿太和殿，是皇帝举行朝政大典的主要场所。

统一多民族国家的巩固和发展

明清（鸦片战争前）时期，统一多民族国家空前巩固和发展。

16世纪初，随着葡萄牙、西班牙开辟新航路取得成功，西方殖民势力迅速向东方扩张。1548年，明军于浙江宁波附近的双屿重创葡萄牙入侵的船队，焚毁大小战舰77艘。此后葡萄牙用欺骗、贿赂手段，诡称商船遭遇风暴，获准于澳门搭棚栖息、晾晒货物，并借口抵御荷兰人入侵，建筑城墙、炮台，设置官署。1621年，明政府强制撤毁葡萄牙人所筑青州城，每年向澳门的葡萄牙人征收税银2万余两。尽管明廷对澳门拥有主权，但这为日后葡萄牙把澳门发展成殖民活动的据点伏下了后患。

明中期，日本的武士、商人和海盗经常骚扰东南沿海地区，时称倭寇，一度攻入上海、苏州，直抵南京。1555年，戚继光受命到浙东抗倭，于台州九战九捷，至1565年基本扫清倭寇。

1598年西班牙船队进犯广东，在虎跳门建屋聚居，被明军焚毁聚落，驱逐出境。

明末1642年，荷兰殖民者侵占台湾，残酷压榨台湾人民。1661年，在东南沿海坚持抗清斗争的郑成功率2.5万军队和数百艘战船，从金门渡海东征，一举攻克荷军战略据点赤嵌城。后经八个月围困发起猛攻，迫使荷兰总督揆一签字投降。郑

屹立在厦门鼓浪屿的郑成功塑像。

成功收复台湾,遏制了西方殖民主义进一步向东扩张,保障了东南各省的安宁,并对亚洲其他国家间接起到保护作用。

17世纪40年代,俄罗斯帝国乘清军主力入关大举入侵,抢占了东北雅克萨、尼布楚等地。侵略军大肆劫掠,严重侵犯清朝主权和危害人民生命财产安全。1685年、1686年,清军发动两次雅克萨反击战,沙俄在遭受重创、守军只残存几十人的情况下被迫同意和谈。1689年,中俄签订《尼布楚条约》,肯定了中国对黑龙江和乌苏里江流域包括库页岛的主权。条约还规定,两国商旅可持护照过境贸易。《尼布楚条约》签订后,中俄东段地区相对稳定,两国人民和平往来,贸易得

清疆域图

到很大发展。

明至清前期，在有效捍卫主权抗击外侵的同时，边疆少数民族地区也历经曲折反复，愈趋巩固发展。

明初，退回蒙古草原的残元势力不下百万之众，不断向南发动军事进攻。明中期瓦剌统一蒙古诸部，于土木堡大败明50万大军，生俘明英宗，兵临北京城下。明嘉靖初年，鞑靼俺答汗部尤为强悍。隆庆、万历之际，大学士张居正推行边防新政，"外示羁縻，内修守备"。在戚继光等著名边将主持下，大力增修、加固长城，北边沿线守备坚固，大大提高整体防御能力。俺答汗在无法任意破关抢掠而又迫切需要换取农耕区产品的情况下，转而乞封议和。明廷诏封俺答汗为顺义王，议定开放11处互市市场，最终达成和议。从此，北部边疆人口日增，田野日辟，商贾日通，一些边塞重镇发展成"无异于中原"的塞外明珠。蒙古地区不但畜牧兴旺，而且进一步发展农业，在塞外丰州屹立起一座"垦田万顷，连村数百"的归化新城（今内蒙古呼和浩特市）。蒙汉之间在思想文化、生活习俗上也逐渐熏染融合。据史书记载，当时汉族"边人大都五分类夷"，以至万历年间有"汉夷"之称。蒙古部首领也渐习华风，"求再生当居中华"。

17世纪中期，漠西蒙古准噶尔部噶尔丹接任汗位后，不断侵犯周边各部，成为占据天山南北的割据势力，并勾结沙俄发动大规模叛乱。1690年，噶尔丹进攻内蒙古，扬言要联合沙俄攻打北京。为了维护国家统一，康熙皇帝御驾亲征，在乌兰布通一举击溃叛军。此后，清军同噶尔丹及其后继者进行了近70年的斗争，终于在1757年将准噶尔贵族割据势力粉碎，统一天山北路。清朝在乌里雅苏台（今蒙古国札布哈朗特）设将军，在科布多（今蒙古国吉尔格朗图）设参赞明长城东起鸭绿江，西达嘉峪关，全长12700里。

承德避暑山庄普陀宗乘之庙，样式仿西藏布达拉宫。

大臣，北部边境线广设军事哨所"卡伦"，台站密布，驿路畅通，对北疆实施强有力的直接统辖。同时，清朝十分重视笼络少数民族上层首领，实施"因其教不易其俗"的怀柔政策，一般都保留他们统辖本部族的权力，减免赋税差役，封赏爵位和优厚俸禄。清皇室还与蒙古贵族联姻，在承德避暑山庄外围修建11座规模宏伟的喇嘛庙，每年指定蒙古王公轮流朝觐，陪同皇帝习武打猎，协调和发展与蒙古各部的关系，以"合内外之心，成巩固之业"。

明初，朝廷以哈密为中心设置西北七卫，加强对西北边疆的统辖。清前期，分布在天山南路信仰伊斯兰教的维吾尔族，称回部。1757年，回部贵族大小和卓兄弟发动叛乱。因大小和卓"虐用其民，厚敛淫刑"，不得人心，很快被清军击溃。维吾尔族首领鄂对等在阵前树旗招降，一时"降者蔽山而下，声如奔雷"。清朝在平定回部贵族叛乱后,于1762年设伊犁将军,总辖天山南北军务民政。包括巴尔喀什湖在内的整个新疆地区空前巩固安定。

明永乐年间,政府在黑龙江入海口特林设奴儿干都指挥使司,管辖黑龙江、乌苏里江广大地区。1433年明钦差大臣所立《重建永宁寺》石碑,详载明廷管理经营奴儿干都司始末。碑文用汉、蒙、女真、藏四种文字书写,成为各族人民共同开发东北地区的见证。明后期满族即于此肇兴,并取代明朝建立清朝。清前期设奉天将军、吉林将军、黑龙江将军,加强对中俄边界巡察防范,遏制沙俄入侵,确保东北边疆稳定、安全,并使东北地区得到前所未有的开发。

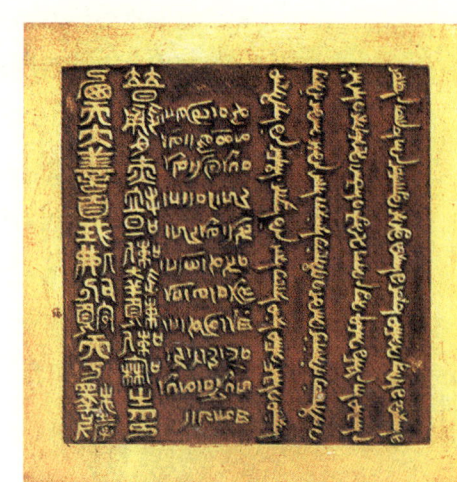

西藏地区在元亡后接受明朝管辖。入清后,朝廷几次派兵入藏平定准噶尔部贵族策动的叛乱,击退廓尔喀入侵。顺治皇帝正式赐予五世达赖"达赖喇嘛"封号,康熙皇帝赐予五世班禅"班禅额尔德尼"封号。1727年,清朝设立驻藏大臣。1793年颁行《钦定西藏章程》,明确规定西藏的官吏任免、行政、财政、军事及涉外事务等权力均归驻藏大臣掌管。乾隆皇帝还制定"金瓶掣签"制度,规定喇嘛教活佛转世的人选,必须由驻藏大臣监督,用中央颁发的金瓶抽签决定。这些措施稳定了西藏政局,推动当地经济发展,进一步使西藏成为中国不可分割的领土。

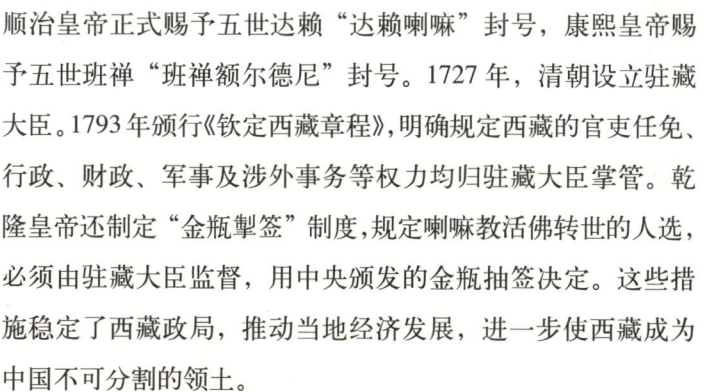

清政府颁发给达赖喇嘛的金印

明清时期还在西南地区"改土归流",革除土司,实行和内地统一的政权体制。改流后在当地编查户口、丈量土地、开垦荒田、清理钱粮、蠲免土司的暴敛杂差、修筑道路、开办学校,改革了落后的生产关系,并引进内地先进生产技术,促进当地社会经济发展。

清前期经过长达一个世纪之久抵御外国入侵和平定割据分裂势力的斗争,建立起空前统一巩固的国家。清朝疆域辽阔,西起巴尔喀什湖和葱岭,东至鄂霍次克海和库页岛,北接西伯利亚,南抵西沙和南沙群岛,东南包括台湾诸岛屿,基本上奠定了今天中国的疆域版图。周边还有一些国家当时为清朝的属国或朝贡国。

清前期对边疆地区的开发取得重大进展。乾隆年间东北农产品除供本地需用外,还不断运入关内,仅齐齐哈尔、墨尔根、呼兰、黑龙江四城即有存粮45万石之多。

自明后期以来,汉蒙之间的边塞重镇如张家口,来自内地商人开设的绸缎、布帛、绒线、杂货等各种店铺,绵延长达四五里。天山南北,仅北疆乾隆中期屯田就达56万多亩。伊犁一带,"内地之民争趋之,村落连属,烟火相望。巷陌间羊马成群,皮角毡褐之所出,商贾辐凑。至如绍兴之酒、昆腔之戏,莫不坌至"。

统一多民族国家的形成发展,既表现为政治上明确归属、军事上边防巩固、经济上内地与边疆相需相靠;也体现在民族关系上融洽相处,以及文化上密切交流和习俗心理上相容认同。康熙时喀尔喀蒙古在抗击沙俄入侵的关键时刻,因遭准噶尔部噶尔丹突然袭击而全军溃败。在商议出路时,蒙古上层首领便称:"俄罗斯素不奉佛,俗尚不同我辈,异言异服,殊非久安之计。莫若全部内徙,投诚大皇帝,可邀万年之福。"明崇祯三年(1630)被准噶尔

清金嵌珠"金瓯永固"杯,寓意大清政权永固。北京故宫博物院藏。

部逼迫转移到伏尔加河一带的土尔扈特部数十万人,于乾隆三十五年(1770)启程,艰辛跋涉万余里,历经八个月,全部返回祖国。这些都表明,只有塞外游牧经济与中原、江南商品经济千丝万缕般联结在一起,并出现"边人大都五分类夷"和少数民族"求再生当居中华"这种趋同融合,才最终使辽阔边疆成为统一多民族国家牢不可分的组成部分。

农耕文明的繁盛与近代化因素的萌芽

13—18世纪明清两朝的鼎盛时期,农耕文明高度发展,出现了社会经济全面高涨的局面。

明中后期实施"一条鞭法",把赋税、徭役、杂税合而为一,计亩征银,起到刺激商品经济发展的作用,以致出现富人"视田如陷阱",纷纷转投商业的现象。清前期推行"摊丁入亩",按单一的田亩数征收赋税,彻底取消人头税,放松了官府对

明·《皇都积胜图》(局部),描绘了明中期都城北京的景象。

农民、手工工匠、商人的人身控制。这是农耕社会赋役制度成熟的标志,体现了生产关系方面的重大变革。

当时的生产技术、经营管理水平明显提高。明末《天工开物》一书所涉及的约30种工农业生产技术,基本上处于世界领先地位。双季稻大面积扩种,玉米、番薯等高产作物被引进和推广,加上广泛植棉,民众衣食结构发生重大变化。粮食产量大幅度增长,不仅满足了日益增长的人口糊口之需,而且有利于发展经济作物,为农业人口流向手工业部门创造了条件,对传统农业结构有所突破。

明清时期,私营手工业迅速发展,取代官办工场、作坊,占据了主导地位。民间私营手工业与市场联系紧密,不断改善经营方式,有力地推动了手工业进步。

明·《南都繁会图》(局部),描绘了明中期南京城店铺林立、商业繁荣的景象。

明中叶以来，商品流通扩大，白银成为市场上的主要货币，商业资本日趋活跃。拥有庞大资金的商人，在各地经营大宗商品贸易和长途贩运，并且介入到生产领域。

明中后期在运河沿线、江南等地区，出现了一些专门的手工业产品和原料集散地，聚集了众多商贾、牙行（为买卖双方介绍交易、评定商品质量和价格的居间行商），发展成工商业市镇。仅江南苏州、松江、杭州、嘉兴、湖州五府地区，明中后期便兴起了30多个市镇，到清代前期增长到200多个。

明清国力强盛，突出表现为耕地面积扩大和人口增长。明初耕地面积为8.5亿亩，清高达10亿亩左右。明代初年在籍人口数为6600余万，明末达到1亿以上，清道光二十年（1840）增至4.1亿。

在1720—1820年间，中国国内生产总值在世界生产总值中所占比重的年增长率远高于整个欧洲地区。19世纪初，世界10个拥有50万以上居民的城市中，中国就有6个。明中后期至清前期200余年间，世界白银产量的一半流入中国。中国是当时世界经济和贸易的中心地区之一。明清盛世的综合国力较历代王朝明显提高，在世界范围仍大体保持领先地位。

明中叶以后，在一些经济发达地区出现了新的工场手工业经营形式。

据史书记载，明万历年间，苏州"东北半城皆居机户，郡城之东皆习机业"，并且有织工、缎工、纱工、染工、车匠等细致的分工，说明当时生产已具有一定规模，具有较高技术水平。关于"机户出资，机工出力，相依为命久矣"的记载，表明当时存在着一种纯粹的雇佣关系。机户靠手中的资本、生产资料购买劳动力，开展生产以增殖财富。主雇之间是"计日受值"或"计工受值"的货币关系。关于雇工"皆自食其

苏州玄妙观

力之良民"、"有他故，则唤无主之匠代之"的记载，则表明雇工有人身自由。苏州的工匠分"匠有常主"和临时工两种。临时工匠每日黎明按工种专长分立玄妙观、花桥、广化寺桥、濂溪坊等处，"听大户唤织"。这表明当地已形成了劳动力市场。

　　这种把分散的雇工集中起来分工协作、社会化程度和劳动效率较高的民营劳动组合，与传统的官办手工工场和民间小手工作坊相比已发生了质的变化。其经营形式是为购买劳动力增殖利润而进行的商品生产，并以自由雇佣劳动为特征，是一种资本主义生产因素的萌芽。清乾隆年间《同盛井约》(1779)、嘉庆年间《天元井约》(1796)，反映了四川自贡盐业生产中采用合伙集资、"照股摊认"、"照股均分"的经营方式，其劳动组合已带有现代股份制的特征。

　　明中后期以来这些迥异于传统经济模式的变异，表明烂熟的农耕文明母体并非千古不变，新因素萌芽的发育成长已经在为近代化的启动准备条件，带有向工业文明演进的趋向。

新旧交织的明清文化

明清时期的中国社会处于剧烈变动的重大历史转折阶段,新旧力量之间的矛盾冲突异常尖锐,在科学技术、思想文化领域也相应呈现出开新与沉暮交织的格局。

明中后期商品经济的发展,引发了革新工艺技术的需求,推进了科技发展,涌现出一些在传统科技领域取得一定突破的科学巨匠。

晚明李时珍所著《本草纲目》,广泛涉及医学、药物学、生物学、化学、矿物学、地质学、物候学等诸多科学领域。他创立了当时世界先进的药物分类法,把药物按无机界、植物界、动物界三个层面"从微至巨"、"从贱至贵"排序分类,明显含有生物进化的思想。他还指出了猿猴与人的相似之处。书中关于鸡的七个品种和金鱼家化的资料,曾被达尔文在论证"动物和植物在家养下变异"时所引用。李时珍还首次提出"脑为元神之府"的见解,认为人类思维意识活动是大脑的机能和产物,具有重大意义。

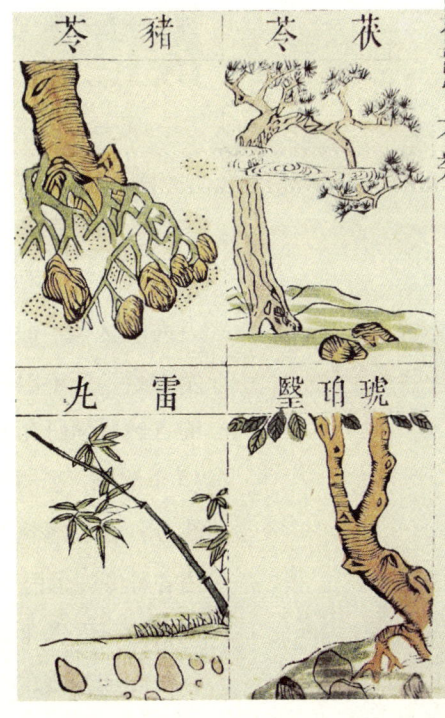

李时珍《本草纲目》书影

明末宋应星的代表作《天工开物》,是一部17世纪中国科技的百科全书。他坚持"穷究试验"的科学态度,提供了大量确切数据。他对金、银、铜比重的描绘和对油料出油率的统计,都运用了明确的定量概念和比重概念。《天工开物》先后被译成日、英、德、法、意、俄等多种文字,在世界传统科技向近代科技转变的潮流中产生了一定影响。

晚明皇室后裔朱载堉,七次上书辞让爵位,致力于科学研究。他提出了"理由数显,数自理出"的思想,创建了十二平均律及其计算原理"新法密律",解决了困惑人们2000多年的实现乐器转调的理论难题。李约瑟(Joseph Needham,1900—1995)因此称誉朱载堉"虽然远离欧洲,但他是'文艺复兴时代的人'"。

明末徐光启编撰《农政全书》,不但汇总历代农学成就、总结当代最新成果,还长期开展农业科技实验,汲取西方农业科技思想和方法,从而确保了农书的科学性、开创性和先进性。他作为"引进西学第一人",因注重数理研究,坚持调查、实验、观察、总结的近代科学研究方向,而被后世誉为划时代的中国近代科学先驱。

成书于明崇祯末年的徐弘祖《徐霞客游记》一书,不同于一般搜奇访胜或对一些表面现象作零星片段自然主义描述之作。该书在许多方面,例如对火成岩、地热现象和喷泉的描述,在流水对岩石的侵蚀作用、植物对气候的依赖关系等方面的认识,都达到了当时世界上的最高水平。徐弘祖的科学考察,在中国古代开创了准确描述、深入分析、揭示规律的自然科学研究方向。1953年中国科学院复查他当年踏勘的15个溶洞,所得数据大体相符。李约瑟评价他的游记"不但在分析各种地貌上具有惊人的能力,而且能够很有系统地使用各种专门术语","读来并不像是17世纪的学者所写的东西,倒像是一位20世纪野外勘测家所写的考察记录"。

晚明涌现的科技群英,重视实验、注重运用数理方法,

《天工开物》书影

> 明清（鸦片战争前）：农耕文明的繁盛与近代前夜的危机

开始显露近代科学研究的特点。但从总体来看，明清的科学技术与西方近代科技相比，已远为逊色。特别是入清以后，在文化专制、八股取士的禁锢压抑下，非但不复再现晚明时期的短暂辉煌，就连晚明已经取得的一些重要成果也未及实行，长期埋没。中国和西方科技水平的差距越拉越大。

明清两朝对思想文化领域进行严密控制，特别是清前期屡兴文字狱，用以打击异端，钳制思想。人们稍有不慎，便会因妄议朝政、触犯皇帝尊严被深文周纳、立案入狱。如乾隆年间江西举人王锡侯因所编《字贯》一书中对康雍乾三帝庙号、名字没有缺笔避讳，而遭斩首，其子孙七人皆被判斩。江西巡抚海成因查禁不力，被处斩刑缓期，其他两位官员亦因看过该书而未指出悖逆之处，遭到革职处分。大兴文字狱的结果，迫使知识分子脱离现实，皓首穷经于故纸堆中。

徐光启与意大利传教士利玛窦

明清时期，宋明理学始终占据官方统治思想地位。科举考试命题专取四书五经（四书指《论语》、《孟子》、《大学》、《中庸》，五经指《诗经》、《尚书》、《礼记》、《周易》、《春秋》，均为儒家经典书籍），并以宋人朱熹集注为依据，不能随意发表自己的见解；行文格式也严格规定由八部分组成，体用排偶，谓之"八股文"。科举考试在很大程度上演变成朝廷钳制人们思想的工具。清雍正年间，御史谢济世自注经书，与程朱多有不合，被斥为"自逞臆见，肆诋程朱，甚属狂妄"，因而罢官治罪，发配边疆。这种"以理杀人"的文化专制统治，使思想界陷入"万马齐喑"的沉闷局面，导致社会科学和自然科学很多领域被扼杀、窒息，严重阻碍了科学文化的发展。

明清之际是诸种矛盾交织、发生天翻地覆巨变的时代。一方面专制集权高度膨胀，礼教纲常愈趋苛严；另一方面统治阶级极端腐败，纲纪凌夷，政教失控，正统礼教危机四伏。特别是明末农民战争，促进了人们对专制统治和纲常礼教的怀疑批判。明中后期新经济因素的萌芽和西方近代科学的传入，也为文化变革注入了新的活力。明末清初一些先进知识分子顺应商品经济发展的大势，代表新兴市民工商阶层利益，在意识形态领域掀起一股要求个性解放、平等、民主，带有早期启蒙性质的进步思潮。

晚明李贽以异端思想家著称。他对程朱理学大加鞭挞，否认孔孟学说是万世之至论。在他看来，孔子并非圣人，四书五经也不应成为人们统一的思考标准。如果一定要将孔子奉为偶像，言行举止都仿效孔子，那就是"丑妇之贱态"了。李贽宣称，人皆有私，追求物质享受乃是自然禀赋，每个人都可以顺其自然之性，"各从所好，各骋所长"，使个性得到自由发展。

明末清初的重要思想家有王夫之、黄宗羲和顾炎武。王夫之强调"理在气中"，即天地万物的规律体现在物质世界之中，通过考察客观事物便可以正确认识这些规律，由此颠覆了程朱理学"道在气先"先验论的理论根基。他还提出"私欲之中，天理所寓"，充分肯定作为人本能要求的情感欲望和私利的合理性。

黄宗羲公然宣称皇帝乃是"天下之大害者"。他认为君臣之间应是平等的"师友"，无须"杀身以事君"，从根本上否定了陈腐的伦理纲常。他还提出,用"各得其私,各得其利"的"天下之法"取代"桎梏天下人之手足"的"一家之法",以约束帝王的统治。

顾炎武针对明代读书人沉湎于诵读程朱注解、严重脱离社会现实的空疏学风,发出"天下兴亡,匹夫有责"的呼唤。他主张为学应求务实,应关乎国计民生,致力于社会变革、经世致用。

明清之际的思想家们还提出了种种限制君权的理论和设想。其中最主要的观念是倡导言论自由,建立自下而上的监督机构,以保证各级政权机关清正廉洁、决策正确和国家社会安定。

明末清初进步思想家以前所未见的犀利笔锋对宋明理学作出总结性批判,开创了具有深刻而新颖哲学观点、政治见

清人根据《红楼梦》绘制的《大观园图》(局部)

解和批判务实精神的一代进步思潮,对君主专制统治造成了强烈的冲击。他们的思想在其后数百年间仍具有振聋发聩的启蒙作用,给后世民众以深刻的启迪。

明清时期,工商业城镇和市民阶层兴起,对文学的发展起到了推动作用。由宋元话本脱胎而来的章回体小说,以叙事为主,更加贴近人民生活和社会现实,逐渐发展成文学的主流。

明代风靡全国的"四大奇书"中,罗贯中的《三国演义》是中国古代第一部长篇历史小说;施耐庵的《水浒传》开英雄传奇和武侠小说的先河;吴承恩的《西游记》堪称神魔小说的典范;兰陵笑笑生的《金瓶梅》则为描摹世态人情、反映社会风尚变迁的世情小说的经典之作。晚明以市井芸芸众生为主人公的世情短篇小说勃兴,生动细腻地描绘市镇平民的人生遭际和价值追求,展现了这一时期广阔的社会风貌。

清代涌现出一批批判现实的文学力作。其中曹雪芹的《红楼梦》以贾宝玉、林黛玉之间的爱情悲剧为中心,通过贵族大家庭的兴衰变化,展示了人生世态和社会万象。全书情节纷繁复杂,叙事脉络却清晰分明,语言精练生动,人物形象鲜明、富于个性,被公认为中国古典小说艺术的巅峰之作。此外,蒲松龄的《聊斋志异》是假借谈狐说鬼,宣泄对社会现实不满的"孤愤之书";吴敬梓的《儒

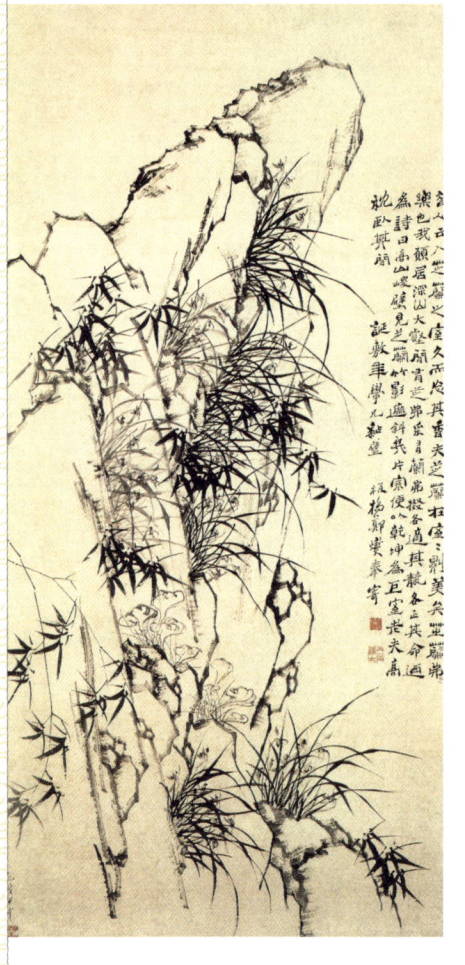

清·郑板桥《兰竹图》

林外史》则以入木三分的辛辣嘲讽揭露丑恶的世风百态,成为长篇讽刺小说的开山之作。

明清小说无论在思想性还是艺术成就方面都达到了新的高峰,成为中国古典文学中熠熠生辉的瑰宝。

明清时期,出现了一些风格奇特的画家。他们的作品不拘成法,与正统画风形成强烈对比。其中八大山人和石涛本是明朝宗室,明朝灭亡后出家为僧。他们藉书画抒写身世之感,寄托亡国之痛。清代中期,活动于扬州地区的一批画家不守墨矩,表现出鲜明的个性,被世人称为"扬州八怪"。他们的作品大都取材花鸟草木,以写意为主要表现方式,在诗情画意之中歌颂清风劲节。

明中后期,熔诗、乐、歌、舞、戏于一炉的昆曲风靡大江南北,发展成全国性剧种,被誉为"百戏之祖"。昆曲文词典雅华丽,行腔优美,一唱三叹,缠绵婉转。其表演以载歌载舞为主要特色,将柔曼细腻的舞姿融入婉转优雅的唱腔中,给观众以极大的视觉和听觉享受。

清乾隆年间,以徽戏为主,吸取汉调、昆曲、秦腔、梆子腔等剧种的腔调和表演形式,兼容并蓄、融会贯通,在北京形成了新的剧种——京剧。京剧集古代戏曲艺术之大成,

《同光十三绝》,描绘了清代同治、光绪年间十三位著名的京剧演员。

发展出一套近乎完美的艺术程式，发扬象征虚拟、歌舞并重的传统，综合运用唱、念、做、打等艺术手段，在小小的戏台上随心所欲地展现大千世界。京剧将独具特色的中国戏曲推向一个新的高峰，在人类文化艺术的殿堂上放射着奇光异彩。

近代前夜的危机

明清时期，世界历史发展格局发生了重大变化。欧洲主要国家完成了从产生资本主义萌芽到实现资产阶级革命和产业革命的飞跃，相继进入近代工业文明轨道。中华帝国在自身农耕文明轨道上发展到了一个新的高峰，社会经济与思想文化等领域也分离出一些迥异于传统模式的变异，带有向工业文明演进的趋向。1640年英国开始资产阶级革命时，中国正处于明末农民战争高潮与清兵入关的前夜，以此为标志，中国与西方主要国家明显进入两种不同轨道。西方实现了商品经济取代自然经济，大工业生产取代手工作坊，以法律为标志的国家权力取代君主贵族特权，人的理性冲破中世纪神学禁锢，科学战胜蒙昧。工业革命使西方资产阶级在不到100年的时间中所创造的生产力，"比过去一切世代创造的全部生产力还要多，还要大"。而康乾盛世时的清帝王对世界工业文明发展的历史性大变动毫无认识，陷入了深刻的危机。这一时期成为中国在世界范围从先进转为落后的分水岭。

明清时期耕织结合、自给自足的经济结构在全国范围仍占主导地位，但民间手工业、商业发展的势头十分迅猛。晚明以来，人们的价值观念与社会风气已经为之一变，拜金逐利、"锱铢共竞"成为一时的社会风尚。一向备遭鄙视的商人扬眉吐气，发出"市井贱夫，最有理者"的呼喊，就连清雍正皇帝也无可奈何地感叹："山右大约商贾居首……最下者方令读书,朕所悉知,习俗殊为可笑。"社会上相应提出"工商皆本"的主张,甚至标榜"大贾富民者,国之司命也"。清统治者却认为"市肆之中多一工作之人,即田亩之中少一耕稼之人",坚持奉行"率天下农民竭力耕耘"、"使人力无遗而地力殆尽"的政策。这种把大量过剩劳动力控制在有限耕地之内的高度密集型经营模式,大大削弱了开发新能源和科技创新的驱动力。成本低廉的"男耕女织"家庭生产结构长期滞存,阻碍了手工工场生产的扩展,凝固和强化了农耕自然经济形态。

清统治者认为"开矿必当聚众,聚众必当妨乱",多次颁令实行矿禁,并"处处皆关,关关有税",用繁重的商税限制商人和工场主的活动。重压之下,商人和工场主无法通过资本集聚扩大再生产,这就迫使一些商业资本转而投入"衣租食税"的土地剥削之中,从而限制了新生产关系的辐射力,压制了大规模工业化的变革。

在晚明"经世致用"学风盛起和西学东渐之后,清廷仍未注入科技实学新知识,继续八股取士,并用理学禁锢人们头脑,大兴文字狱,使政治层面和思想文化领域的近代化因素难以发育,非但未能利用统一、规范、高效率的教育选拔机制为促进工业化和社会转型开路,反而脱离社会发展大势,顽固复制旧官僚、旧体制,严重阻碍近代化进程。

元代《耕织图》,形象地反映了中国古代男耕女织的生产模式。农耕自然经济形态的烂熟,阻碍了中国向近代化的演变。

密集型农耕模式的抑制以及八股取士文化教育选官政策的控导，还成为刺伤清代科学技术的致命毒刺。有清一代在科技创新方面几乎毫无作为，失去推进工业革命和社会变革的巨大动力。

16世纪前，中国远洋航海和造船技术遥居世界领先地位。1405—1433年，明朝先后七次派郑和下西洋，率百余艘巨船和数万随行人员，到达亚非30多个国家，加强友好往来和经济交流。但因"厚往薄来"，不计经济效益，而且用来输出的物品大多由官府督造或低价强征硬派，造成大量工匠逃亡，远洋航海的壮举最终被当成"弊政"而遭废止。清朝以"天朝上邦"自居，认为"天朝物产丰盈，无所不有，原不藉外夷物产以通有无"；同时为防范"外夷"侵犯和沿海人民聚集

郑和下西洋航线图

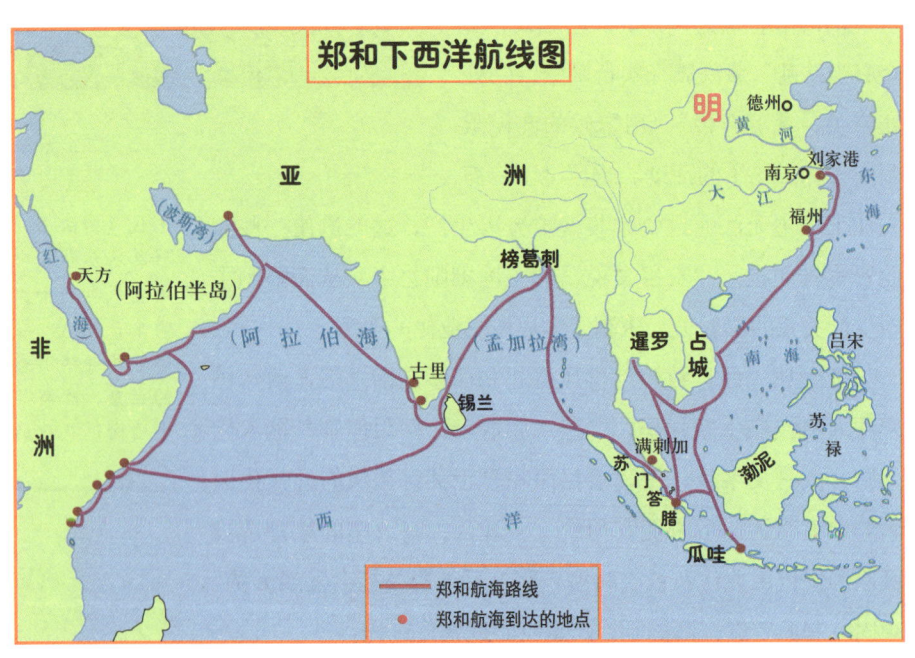

负责统一经营管理清朝对外贸易的广州十三行

力量抗清,长期关闭国门,实行海禁政策,规定只开设广州一处通商口岸,封闭其他港口,并由政府特许的广州"十三行"统一经营管理对外贸易。闭关政策虽然在抵御殖民势力的侵略方面发挥了一定作用,但却不能从根本上扭转中外力量对比,而且作茧自缚,限制了对外贸易和航海事业的发展,失去利用国际贸易优势地位开辟海外市场、刺激资本扩张、推进工业化的契机,并进一步导致闭塞、停滞、倒退,使中国更加远离世界发展潮流。

明朝以来,西方耶稣会传教士陆续来到中国。他们在传教的同时,也传播了西方先进的科学技术,西学东渐之风渐开。这为中国开阔视野、融入工业文明的潮流提供了机遇。明末徐光启不失时机地提出"欲求超胜,必须会通",即通过博采众长、融会贯通,以赶超西方的主张。而清朝统治者却坚持华夷有别、西学中源的观念。随着雍正年间传教士被驱逐,中西文化的交流中断。

资本主义的迅猛发展将全世界卷入商品流通的巨潮之中，西方列强纷纷越洋抢滩，掠夺金钱，贩卖奴隶，建立殖民统治。热衷于复兴宋明理学、全力守护农耕藩篱的清帝国与西方列强的力量对比迅速逆转。乾隆年间英国使节马戛尔尼（George Macartney，1737—1806）曾扬言，如果中国禁止英国人贸易或给他们造成重大的损失，那么只需几艘三桅战船就能摧毁清朝海岸舰队。这看似狂妄荒诞的预言不久居然应验，以至道光皇帝感叹道："两只夷船不能击退，可笑可恨！武备废弛，一至如是，无怪外夷轻视也！"

1840年鸦片战争的炮火终于打乱中国社会发展的自然进程，从此中国人民面临更加艰巨悲壮的争取民族独立的斗争，缓慢踏上更为曲折复杂的独特的近代化道路。

◉ 资料链接

闭关锁国的严重后果

一个人口几乎占人类三分之二的大帝国，不顾时世，安于现状，人为隔绝于世界并因此竭力以天朝尽善尽美的幻想自欺。这样一个帝国注定最后要在一场殊死的决斗中被打垮。

——（德）马克思《鸦片贸易史》
(Karl Marx, *History of the Opium Trade*)

近代中国的衰落与抗争

列强侵略与中国人民的反抗斗争

16世纪，西方殖民势力东来，遥远的东方成为他们寻找市场和海外殖民的重要目的地。自葡萄牙踏上中国国土之后，西班牙、荷兰、英国接踵而至。1793年，英国马戛尔尼使华，要求开放通商口岸、建立商馆，还提出让中国提供舟山群岛以"晾晒货物"的无理之请，遭到清政府严辞拒绝。

在对华贸易中一直处于入超地位的英国转而大量走私鸦片，诱使中国百姓与军队士兵吸食成瘾，以此扭转国际贸易中的差额。至1840年前夕，鸦片输入量已达每年4万余箱。

鸦片输入给中华民族带来深重灾难，任其泛滥，必将导致中国"几无可以御敌之兵，且无可以充饷之银"。1839年6月，钦差大臣林则徐主持在广州虎门销毁了收缴的全部鸦片。1840年6月，英国悍然发动侵华战争，史称"鸦片战争"。由于清军装备落后、作战力低下，加之清朝皇帝最初急于求胜，速胜不得又很快转为妥协投降，鸦片战争以中国失败告终。1842年8月，清廷被迫签订割地赔款、丧权辱国的中英《南京条约》。

浮雕：虎门销烟

> 近代中国的衰落与抗争

从鸦片战争至 19 世纪末 20 世纪初的 60 多年间，中国不断遭到列强侵略与欺凌，先后发生第二次鸦片战争、中法战争、中日甲午战争和八国联军侵华战争，清政府与西方国家签订了一系列不平等条约，影响到政治、经济、文化等各个方面，中国的领土、司法、行政等完整权力遭到破坏。自此，中国中断了独立发展道路，被迫卷入世界资本主义体系，一步步陷入殖民地半殖民地的深渊。

另一方面，西方列强的入侵用暴力打破了旧中国与外界隔绝的封闭状态，破坏了传统的自给自足的自然经济。他们为了剥削廉价劳动力、倾销商品、掠夺原料，在中国直接开办厂矿、修筑铁路，客观上播下了"新的社会因素"，充当了"历史的不自觉的工具"，促使中国走向某种程度的近代化。正是在列强入侵的冲击中，中国产生了民族资产阶级和无产阶级，同时大量农民破产，造成了广大的半无产阶级。

第一次世界大战后，日本在华势力得到发展。1931 年，日本策动"九一八事变"，侵占中国东北；1937 年制造"七七

1842 年 8 月 29 日，中英代表在英舰"康华利"号上签署《南京条约》。

圆明园残迹，这座清代皇家园林曾先后遭英法联军和八国联军两次焚毁。

事变"，将侵略的铁蹄扩大到华北乃至全中国。在侵华的14年间，日本把占领区变成军事和工业基地，采取"军事管理"、"委托经营"等方式，大肆进行经济掠夺。日本侵略军还制造了惨绝人寰的南京大屠杀，并实施令人发指的细菌战、化学战。据不完全统计，在日本侵略军屠刀下，中国伤亡人数达到3500万，直接经济损失达1000亿美元，间接经济损失达5000亿美元。

鸦片战争以来的100多年间，面对列强侵略，中华民族同仇敌忾，奋起反抗。关天培、陈化成在鸦片战争中浴血坚守炮台；左宗棠率军重创俄国侵略军，

▶ 资料链接

自然经济的逐渐解体

鸦片战争前夕，中国农耕社会中孕育的资本主义生产关系萌芽经历数百年时间，虽有所增长，但发展缓慢，传统的自给自足为特征的自然经济仍在中国占据统治地位。

鸦片战争后，通商口岸相继开放，洋货涌入中国市场。洋棉、洋布因其质优价廉，取代了土棉、土布，使中国的"织"与"耕"分离。江苏松江、太仓一带原是中国手工棉纺织业中心，素有"衣被天下"的盛名。鸦片战争以后，由于洋布畅销，"松太布市消减大半"。东南沿海许多以纺织为业的乡村也受到很大冲击，无棉可纺，无布可织。尽管这种现象只出现在局部地区，它却是中国自然经济解体的征兆。

洋商还从中国收购大量农、副、土特产品，其中以丝、茶为大宗。洋商操纵着中国丝、茶的出口贸易，使中国丝、茶生产日趋商品化，这也在客观上瓦解着中国原有的自然经济。

1945年9月9日，中国战区日军正式投降仪式在南京举行，侵华日军总司令冈村宁次在投降书上签字。

收复新疆；冯子材率军在中法战争中取得镇南关大捷，捍卫了国家主权和民族尊严；邓世昌率致远舰官兵在中日黄海海战中壮烈殉国；台湾军民在清廷被迫割台后仍坚持抗战……这一切都体现了中国人民前赴后继、英勇斗争的大无畏精神。

1945年8月，在世界反法西斯力量支持下，经过八年艰苦奋战，中国人民最终取得了抗日战争的伟大胜利。

近代中国的民主革命

鸦片战争以来，中国人民反抗外敌的斗争与推翻清皇朝、建立民主政治的斗争交织在一起，汇成近代中国民主革命的排天巨浪。

1851年爆发的太平天国农民起义，历时14年，动摇了清皇朝的统治。起义军领导人物之一洪仁玕主持朝政时，还效法西方，提出了近代中国第一个带有资本主义性质的社会

孙中山和夫人宋庆龄

改革方案——《资政新篇》,一定程度上推动了近代中国的民主进程。

19世纪末20世纪初,民族资本主义得到了初步的发展和壮大,民族资产阶级掀起了民主革命风潮。

1898年,以康有为、梁启超为代表的维新党人推动光绪皇帝全面变法。新政内容包括设立报馆、译书局,开放言论,训练新式海军,改革科举制度,开办新式学堂,改革财政,编制国家预算、决算等。新法只维系了103天,即遭到慈禧太后等顽固派镇压,以失败告终。

1894年,民主革命的先行者孙中山联合20多位爱国华侨,创立了中国第一个资产阶级革命团体——兴中会,从此走上资产阶级民主革命的道路。1905年,中国同盟会正式成立,孙中山提出的"驱除鞑虏,恢复中华,建立民国,平均地权"成为统一的革命纲领。随后,孙中山将16字纲领阐发为民族、民权、民生三大主义,是为三民主义。

1911年10月10日,武昌起义打响了推翻清朝统治的第一枪。几个月间,各省纷纷响应,清皇朝统治土崩瓦解。独立各省经过多次协商,通过了《中华民国临时政府组织大纲》,确定临时政府实行总统共和制。

1912年1月1日,孙中山在南京宣誓就职中华民国临时大总统,中华民国成立。南京临时政府颁布了《临时约法》,规定中华民国之主权属于国民全体,公民具有人身、选举、参政、居住、言论、出版、集会、通信和宗教信仰自由和权利。

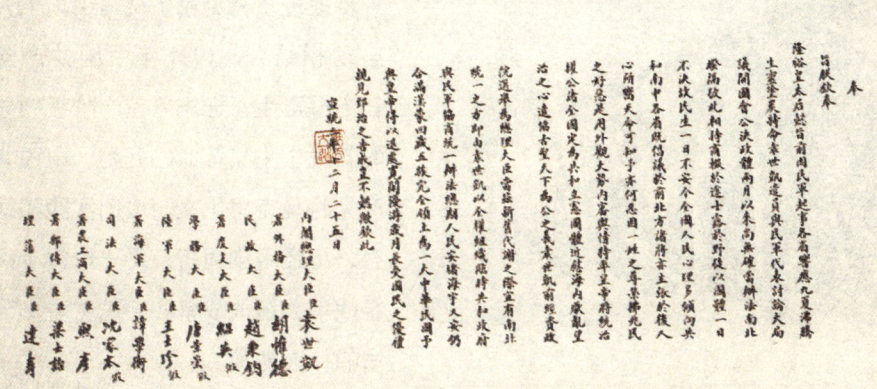

1912年2月12日,清帝溥仪宣布退位诏书。

临时政府还发布一系列政令,声明中华民国和世界各友好邦国平等往来,加入国际公法;废除各种苛捐杂税,保护民族工商业,奖励华侨在国内投资;提倡以"自由、平等、亲爱"为宗旨的"公民道德"教育,反对旧伦理教育。

1912年2月12日,清帝溥仪宣布退位,辛亥革命至此结束。它的历史功绩在于:推翻了统治中国200多年的清皇朝,颠覆了在中国实行了2000多年的君主专制制度,建立了民主共和政体,取得了中国政治文明进程中突破性的进步。它使得民主共和的观念深入人心,为资产阶级革命的进一步开展奠定了思想基础,也为中华民族跟上世界潮流、实现政治制度现代化准备了条件。

辛亥革命后,中国政治一度倒退,出现了军阀混战的复杂局面。

1917年俄国十月革命胜利后,中国的一批先进知识分子开始接受马克思列宁主义。1919年爆发的反帝反封建的"五四"爱国运动,同时也是一场传播民主和科学的新文化运动,进

上海中共一大会址。1921年7月23日,中国共产党第一次全国代表大会在此举行。

一步促进了马克思主义与中国工人运动相结合。1921年中国共产党在上海诞生,标志着无产阶级领导的新民主主义革命的开始。中国共产党将马克思主义与中国实践相结合,历经艰难曲折,终于取得了抗日战争、解放战争和新民主主义革命的伟大胜利。

1949年10月1日,中华人民共和国成立,从此揭开了中华民族崭新的历史篇章。

民族资本主义的发展

中国的民族工业从一开始就呈现出两种形式:国家主导的官营工业和私人资本企业。

民族资本主义官营工业以1861年创立的安庆内军械所为起点,它是清政府洋务运动的产物。19世纪70年代以前,洋务运动以"自强"相号召,兴办了一批军事工业,其中规模较大的有江南制造总局、福州船政局、天津制造总局。19世纪70年代以后,洋务运动以"求富"为口号,着手兴办了一批民用工业,著名的有上海轮船招商总局、开平矿务局、上海织布局和汉阳铁厂。洋务企业多采用较为先进的技术和设备,产品除了用于军队,也投放市场,对外国资本主义经济势力的扩张起到了一定的抵制作用。

洋务运动兴办的官营工业标志着中国工业化的起步,为中国工业、军事、教育等部门留下了宝贵的历史遗产。

私人资本企业的兴建发生在19世纪70年代,其中的杰出代表是上海发昌机器厂、广东继昌隆缫丝厂、天津贻来牟机器磨坊等。1894年甲午战争后,清政府放宽了对民间设厂的限制,并于1903年设立商部,鼓励工商。由此,社会上兴起一股实业救国的热潮,涌现出一批实业家。

中国近代民族资本主义的发展之路异常艰难。西方列强利用雄厚的资金、技术优势和在中国攫取的特权,压制中国民族工业的发展。清政府的高税收、各级官吏的敲诈勒索等困扰,也使企业产品成本增加,在竞争中处于极其不利的地位。民间私人资本企业在夹缝中生存,步履维艰,不得不在一定程度上依赖于外国资本主义,或者寻求本国官府的庇护。

1912年中华民国建立后,提高了民族资产阶级的政治地位,激发了他们振兴实业的热情。政府实行有利于发展经济的政策,也促进了民族工业的发展。

第一次世界大战期间,欧洲各主要资本主义国家忙于战争,对华的资本和商品输出减少,中国的民族工业在这段时期获得了空前的发展。1903—1908年,中国平均每年注册的工厂为21家;1913—1915年,平均每年注册工厂有41家;

左图:洋务运动创办的江南制造总局。

右图:民国时建于南京的中国水泥厂,是中国早期民族工业的代表之一。

1916—1919年更达到124家。但第一次世界大战结束后不久，外国资本便卷土重来。他们凭着雄厚的实力，利用跌价竞争等方法，给中国的民族工业造成很大压力。

20世纪30年代抗日战争爆发前，中国已经形成以四大家族为首的官僚资本。他们利用手中的政治权力，实行"经济统制"政策，通过统购统销、专卖和限价议价等措施，获得大量物资和收入，在民族工业总量中占据了主体地位。

自鸦片战争以来，中国战乱频仍，民生凋敝。民国时期

民国时一家纺织厂的生产车间

社会经济虽有所发展，仍然无法摆脱贫穷落后的面貌。以民国政府发行的法币购买力为例，抗日战争以前100元可以买两头牛，1945年可以买两个鸡蛋，1947年可以买两个煤球，到1949年就只能买五十万分之一两大米了。至1949年，中国仅有2万多公里铁路，其中只有半数可以勉强行车；真正可以通车的公路不到8万公里，而且大多分布在东南沿海发达地区，占全国土地面积2/3以上的广大山区和边疆少数民族地区几乎完全没有公路。用外国人的话形容，这是一个连铁钉都需要进口的国家。

共和国探求社会主义现代化的进程

1949年10月1日中华人民共和国成立,标志着中华民族赢得了民族独立和人民解放的胜利,开辟了走向社会主义现代化的历史新纪元。共和国对社会主义现代化道路的探索,集中体现在政治上的民主法制建设、经济领域的体制改革,以及在国际关系方面逐步走向积极参与国际竞争与合作,维护世界和平与稳定。

共和国的政治建设

中华人民共和国成立以后,致力于建设适合中国国情的政治制度。概括起来,可以归纳为以民主集中制为原则的人民代表大会制度、中国共产党领导下的多党合作与政治协商制度、少数民族当家作主的民族区域自治制度。

1949年10月1日,中华人民共和国成立。毛泽东主席在天安门城楼上宣读中央人民政府公告。

人民代表大会制度是中国的根本政治制度。《中华人民共和国宪法》规定：中华人民共和国的一切权力属于人民；人民行使国家权力的机关是全国人民代表大会和地方各级人民代表大会；各级人民代表大会均由民主选举产生，对人民负责，受人民监督；全国人民代表大会是最高国家权力机关，行使修改宪法、制订法律、选举国家领导人、批准国家发展经济计划、决定战争与和平等职权。

中国共产党领导下的多党合作与政治协商是现代中国独具特色的政治制度。1954年中华人民共和国第一部宪法以国家大法的形式，规定了中国共产党的执政党地位和各民主党派参政议政的权利。1982年，中国共产党再次提出要与各民主党派"长期共存，互相监督，肝胆相照，

矗立于北京天安门广场上的人民英雄纪念碑

▶ 资料链接

香港、澳门回归祖国

香港和澳门自古以来就是中国的领土。1840年鸦片战争以后香港被英国占领。澳门自16世纪中叶以后被葡萄牙逐步占领。

为解决历史遗留的香港和澳门问题，中国政府提出了"一个国家，两种制度"的方针。1984年12月，中英两国政府签署了《关于香港问题的联合声明》。1987年4月，中葡双方签署了《关于澳门问题的联合声明》。

1997年7月1日，中国政府恢复对香港行使主权。1999年12月20日，中国政府恢复对澳门行使主权。香港和澳门在回归当日，便设立了特别行政区，实行"港人治港"、"澳人治澳"、"高度自治"。

2009年10月1日，中华人民共和国成立60周年国庆大典。

荣辱与共"，多党合作与政治协商制度得到进一步加强。

民族区域自治制度适应了中国统一多民族国家的基本国情。中国有56个民族，其中汉民族占人口总数的90%以上。在长期发展过程中，各民族逐步形成了大杂居、小聚居的分布特点。实行民族区域自治就是在国家统一领导下，实现各民族一律平等和民族大团结，在一些民族聚居的地方实行区域自治，建立自治机构并行使自治权。目前，中国有五大省级自治区和100多个自治州、自治县。

20世纪80年代以来，中国加强了政治改革和民主法制建设。1999年，"依法治国"被正式写入宪法，标志着中国进入了建设法制化社会的新的历史时期。

社会主义经济建设与发展

中华人民共和国成立之初，百废待兴。1953年，中国共产党确立"过渡时期总路线"，提出要在一个相当长的时期内，逐步实现国家的社会主义工业化，并逐步完成国家对农业、手工业和资本主义工商业的社会主义改造。

1953年，中国开始实施第一个发展国民经济的五年计划。1957年，"一五"计划提前完成。中国新建了飞机制造、汽车制造、发电设备、冶金设备以及高级冶炼等工业部门，基础工业初步构成体系。中西部地区也新建了钢铁、煤炭、电力等工业设施，初步形成了合理的工业布局，社会主义工业化由此全面展开。

1956年底，国家对农业、手工业和工商业的社会主义改造基本完成，计划经济体制在中国基本确立。这一体制为中国社会主义工业化的发展开辟了道路，同时也开始暴露出自身的种种不足，为今后经济建设的曲折发展埋下了伏笔。

由于对社会主义建设的艰巨性、复杂性和长期性估计不足，1958年中国经济建设开始片面追求高速度，推行"大炼钢铁"、"人民公社化运动"和"大跃进"，造成国民经济比例严重失调，生态环境遭到严重破坏，人民群众的生产积极性受到严重影响。

1956—1966年的十年间，尽管中国现代化建设走了不少的弯路，但仍取得了巨大的成就：初步建成了独立的、有相当规模和一定技术水平的工业体系，电力、冶金、机械等工业得到了长足的发展，电子、原子能和航天等新兴工业从无到有，逐步壮大。随着大庆、胜利、大港等油田的建设，中国摘掉了"贫油国"帽子。除西藏以外，全国各省、市、自治区都有了铁路。

1966—1976年，一场空前的浩劫"文化大革命"席卷中国。经济建设中"左倾"错误恶性膨胀，严重干扰和破坏了国民经济，延缓了中国工业现代化的步伐。据估算，"文革"期间的国民经济损失约有5000亿元。

1978年，中国共产党十一届三中全会召开。会议确定了改革开放、把党的工作重点转移到经济建设方面来的方针，揭开了中国经济改革的序幕。

改革率先在农村进行。以"包产到户"为主要特征的家庭联产承包责任制，使农民获得了生产和经营的自主权，极大地调动了农民群众的生产积极性。农村乡镇企业的蓬勃兴起，进一步促进了农村经济的发展和农民生活水平的提高。

在农村改革的推动下，城市经济体制改革也迈开了稳健的步伐。1992年，中国共产党十四大明确提出，中国经济体制改革的目标是建立社会主义市场经济体制，为此要进一步深化国有企业改革，建立现代企业制度，使企业成为适应市场的法人实体和竞争主体。

国有企业改革增强了企业的竞争力，逐渐形成了一批有实力和活力的大企业集团，国有资产大幅度增加，一些企业

实施家庭联产承包责任制后，农民喜迎丰收。

集团在发展壮大中走向国际市场。在国有企业改革过程中,也出现了一些问题,如部分职工生活困难等。随着社会保障体制的逐步完善,这些问题正在得到更好的解决。

1997年,进而肯定非公有制经济也是社会主义市场经济的重要组成部分,对民营中小企业和社会经济的发展起到很大的促进作用。

在着手进行国内经济体制改革的同时,中国政府启动了

1981年的深圳街头

今日深圳

经过近20年开发，上海浦东从郊区农村发展为高科技产业和现代工业基地。

对外开放。1980年起，中国在沿海地区先后建立了深圳等五个经济特区，开放了一批沿海港口城市，吸引外商投资，大力发展外向型产业。1990年，又作出开放、开发上海浦东的决策。至20世纪90年代中期，中国已经形成了从沿海到内陆，从东部到中西部，全方位、多层次、宽领域的对外开放格局。

2001年，中国加入了世界贸易组织（WTO），标志着对外开放进入一个新的阶段。加入WTO是中国融入世界经济的必然选择，也是中国与世界经济实现全面接轨的一个契机。

30年来，对内改革与对外开放相互促进，推动了中国经济的高速增长。1979—2008年，中国的国内生产总值实现了年均9.8%的增长速度，这个记录在世界经济中是罕见的。据世界银行统计，1978年，中国的人均国内生产总值仅为230

美元，在列入统计的 126 个国家和地区中排行 104 位。当时，很多中国人还在为温饱问题而发愁。到 2008 年，中国的国内生产总值已达到 4.32 万亿美元，经济总量位居世界第三，人均国内生产总值达到 3266 美元。

2002 年，中国共产党十六大发出了全面建设小康社会的号召，提出了在优化结构和提高效益的基础上，到 2020 年国内生产总值力争比 2000 年翻两番的宏伟目标。

> 资料链接

中国对外开放的进程

自 1978 年以来，中国的对外开放大体经历了六个阶段：(1) 试办经济特区；(2) 开放沿海港口城市；(3) 进一步扩大沿海开放区域；(4) 开发开放上海浦东新区；(5) 沿边、沿江及内陆省会城市的全面开放；(6) 加入世贸组织，对外开放进入全新阶段。

对外开放 30 年来，中国建立了 5 个经济特区，开放了 14 个沿海港口城市，开放开发了上海浦东新区，建立了 15 个保税区、32 个经济技术开发区、52 个高新技术开发区、38 个出口加工区，相继开放了 13 个沿边、6 个沿江和 18 个内陆省会城市，已形成全方位、多层次的开放格局。

现代中国的对外关系

第二次世界大战之后，国际局势处于东西方两大阵营紧张对峙的状态。中华人民共和国成立之初，中国政府便展开了积极的外交活动。

在处理近邻和友好国家关系的过程中，中国提出了相互尊重主权和领土完整、互不侵犯、互不干涉内政、平等互利的和平共处五项原则。它超越了意识形态和社会制度，体现

1971年10月，第26届联大恢复中华人民共和国在联合国的合法席位，中国代表团成员开怀大笑。

1972年2月，美国总统尼克松应邀访华。

了包容性和开放性，逐渐得到国际社会广泛认可，成为处理国与国之间关系的基本准则。1955年，在万隆举行的亚非国际会议上，中国坚持"求同存异"的方针，推动会议在和平共处五项原则的基础上达成了万隆十项原则，促进了亚非国家的团结和合作。

1971年，第26届联大以压倒多数通过提案，恢复中华人民共和国在联合国的一切合法权利。

1971年的"乒乓外交"和基辛格秘密访华，打开了尘封已久的中美关系大门。1972年，美国总统尼克松访问中国，中美双方在上海签署了《中美联合公报》，强调要以和平共处五项原则来处理两国之间的关系。1979年，中美两国正式建交。

1972年，日本内阁总理大臣田中角荣访问中国，签订中日两国邦交正常化协定，揭开了中日两国关系新的一页。

中美、中日关系的缓和，打开了中国外交的新局面，许

多西方国家纷纷与中国建立外交关系。

20世纪80年代以来，中国继续坚持以和平共处五项原则为准则，不与任何大国结盟，也不与任何大国集团结盟，发展同一切国家的友好合作关系。中国独立自主的和平外交政策更加丰富和完善，形成了面向21世纪的全方位的外交新格局。

中国还致力于促进地区的和平与稳定。1991年，中国加入亚太经合组织（APEC），对APEC的合作进程发挥了重要的影响。2001年，中国与俄罗斯、哈萨克斯坦、吉尔吉斯斯坦、塔吉克斯坦、乌兹别克斯坦六国在上海签署《上海合作组织成立宣言》，正式成立上海合作组织。中国与东盟的经贸合作也得到了全方位的发展，2001年中国—东盟自由贸易区正式建立。

恢复联合国合法席位之后的中国，根据联合国宪章的宗旨和原则积极开展工作，赢得了国际社会广泛的信赖和赞誉。

1978年8月，《中日和平友好条约》在北京签署。

2001年12月，中国正式加入世界贸易组织（WTO），标志着中国正式成为世界经济体系的一个重要组成部分。

2008年，中国成功举办了第29届奥运会。

作为安理会常任理事国，中国踊跃参与联合国的各项维和事业，并积极推动联合国的裁军行动，为缓和国际局势、维护世界和平作出了积极贡献。

　　截至2009年，中国已经同世界171个国家建立了外交关系，参加了100多个政府间国际组织，签署了300多项国际公约。今天的中国，高举和平、发展、合作旗帜，坚持奉行独立自主的和平外交政策，坚持走和平发展道路，坚持互利共赢的对外开放战略，将继续努力在国际事务中发挥建设性作用，推动国际秩序向更加公正合理的方向发展。

附录：中国历史年代简表

旧石器时代	约 170 万年前—1 万年前
新石器时代	约 1 万年前—4000 年前
夏	公元前 2070 年—公元前 1600 年
商	公元前 1600 年—公元前 1046 年
西周	公元前 1046 年—公元前 771 年
春秋	公元前 770 年—公元前 476 年
战国	公元前 475 年—公元前 221 年
秦	公元前 221 年—公元前 206 年
西汉	公元前 202 年—公元 8 年
东汉	公元 25 年—公元 220 年
三国	公元 220 年—公元 280 年
西晋	公元 266 年—公元 316 年
东晋	公元 317 年—公元 420 年
南北朝	公元 420 年—公元 589 年
隋	公元 581 年—公元 618 年
唐	公元 618 年—公元 907 年
五代	公元 907 年—公元 960 年
辽	公元 916 年—公元 1125 年
北宋	公元 960 年—公元 1127 年
西夏	公元 1038 年—公元 1227 年
金	公元 1115 年—公元 1234 年
南宋	公元 1127 年—公元 1276 年
元	公元 1271 年—公元 1368 年
明	公元 1368 年—公元 1644 年
清	公元 1636 年—公元 1911 年
中华民国	公元 1912 年—公元 1949 年
中华人民共和国	公元 1949 年成立